삶을

비폭력대화 갈등 중재 교육 매뉴얼

중재하기

삶을
비폭력대화 갈등 중재 교육 매뉴얼
중재하기

아이크 라사터 · 존 키니언 지음 | 한국NVC센터 옮김

한국NVC출판사

감사의 글

많은 사람들이 이 매뉴얼을 만들고 다섯 번째 개정판을 만드는 데 참여했다.

우선, 우리 워크숍과 집중 교육 프로그램에 참가하신 분들께 감사드린다. 참가자들이 10년이 넘는 동안 자신들이 배우는 데 무엇이 제일 도움이 되고 무엇이 도움이 되지 않았는지 우리에게 알려 주었다. 이분들의 피드백은 이 매뉴얼과, 워크숍에서 매뉴얼을 활용하는 방법을 개선해 주었다.

매뉴얼 만들기를 제안하고, 서로 다른 우리의 작업과 글을 첫 번째 매뉴얼 속에 솜씨 있게 하나로 합치는 데 도움을 준 로위나 피내인에게 깊은 감사를 드린다. 줄리 스타일즈는 첫 번째와 두 번째 개정판에서 매뉴얼의 내용을 기록하고, 초안을 만들고, 편집하는 데 기여했다. 2011년에 커리큘럼 팀(로리 브라이트너, 매리 시츠, 아니아 밀즈, 로리 우들리, 앤 샐즈버리와 교재 디자인 자문인 아나 산후안)은 성인 학습자의 욕구를 더 잘 충족하기 위해 자료를 모으고 업데이트하고 개정하는 데 많은 시간을 보냈다. 로라 맥캐이, 프레드 러빈, 트리샤 탐슨은 두 번째 판을 개정했다. 크리스틴 윈스테드는 이 매뉴얼을 뛰어나게 디자인했고, 내용과 디자인을 업데이트하는 데 값진 지원을 계속해 주었다.

이 매뉴얼의 네 번째 개정판은 Mediate Your Life: A Guide to Removing Barriers to Communication 시리즈의 첫 번째 책인 *Choosing Peace*가 끝날 무렵에 만들어졌다. 매리 시츠나 줄리 스타일즈의 도움이 없었다면 네 번째 개정판은 빛을 보지 못했을 것이다. 매리의 통찰력과 이 개정판을 만드는 시도를 조직해 준 것에 감사한다. 2004년부터 우리가 함께했던 이 프로젝트와 이 책을 쓰는 데 많은 도움을 준 것에 대해 줄리에게 감사한다.

다섯 번째 개정판은 조슬린 루지에로, 켈리 에드리치, 줄리 스타일즈와 협력하여 같이 만들었다. 그리고 크리스틴 윈스테드가 다시 디자인을 했다.

끝으로 비폭력대화(NVC)의 창시자이자 교육의 기반이 된 중재 모델의 창시자인 마셜 로젠버그 박사에게 깊은 감사를 전한다. 마셜은 이 영역을 개척하고 정리한 분이다. 그분의 이런 업적, 그리고 우리를 비롯한 전 세계 많은 이들에게 준 선물에 깊은 감사를 표한다.

감사의 마음을 담아,
존 키니언과 아이크 라사터
2014년 12월

⠿ 차례

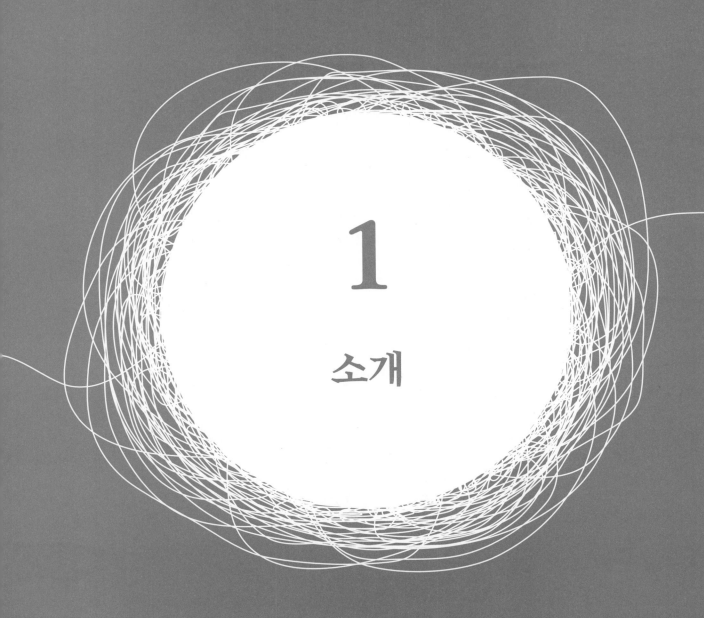

1

소개

〈삶을 중재하기-NVC Mediation〉
집중 프로그램에 관하여

자기 자신, 그리고 주변 사람과 관계가 진정으로 편안해지려면 질적 변화가 필요하다. 그 첫 단계는 모든 내적·외적 갈등을 하나의 기회로 맞이하는 것이다. 우리의 욕구를 명료하게 이해하여 전달하고 그 욕구의 보편성을 바탕으로 공감으로 소통한다면 갈등은 연결로 이어진다. 나와 타인이 분리되어 있다는 착각도 사라지고 마침내 우리는 이 세상에서 온전하게 있을 수 있다.

이 매뉴얼은 이러한 중요한 단계들을 배우고 실제 삶에 적용할 수 있는 단순하지만 매우 효과적인 프로세스를 제안한다. 존 키니언John Kinyon과 아이크 라사터Ike Lasater가 개발한 〈삶을 중재하기-NVC Mediation〉은 비폭력대화(Nonviolent Communication, NVC)의 창시자 마셜 로젠버그Marshall Rosenberg의 업적에 바탕을 두고 있다. 존과 아이크는 각자 마셜과 여러 해 동안 공부를 하다가, 2003년부터 NVC 기술과 욕구언어(language of needs)를 갈등의 여러 측면(내적 갈등, 두 사람 사이의 갈등, 외적 갈등)에 접목하여 그들만의 독창적 방법을 함께 개발하기 시작했다. 존과 아이크의 접근법은 전 세계 많은 사람들이 소통하고, 갈등을 다루고, 더 나아가 삶을 살아가는 새로운 방법을 배우는 데 핵심적인 것이 되었다.

〈삶을 중재하기-NVC Mediation〉 프로그램의 핵심은 듣기에 있다. 우리 자신과 다른 사람을 '진정으로 듣는 것'이다. '욕구언어'에 능숙해지고 공감 능력을 키워 갈등 상황에서 진정한 대화와 새로운 가능성이 나올 수 있도록 하는 것이다. 이러한 접근 방법은 과거와 현재의 여러 전통에서도 보인다.

"내가 이해받기보다는 이해할 수 있기를 허락하시고……"

—<성 프란치스코의 기도>에서

"먼저 이해하려고 하라. …… 그러면 이해받을 것이다. ……"

—스티븐 코비의 『성공하는 사람들의 일곱 가지 습관』 중에서

존과 아이크의 <삶을 중재하기-NVC Mediation>은 전 세계적으로 증가하고 있는 갈등에 대한 염려와, NVC 정신과 중재(mediation)를 통해 우리 인류가 더 나은 세상을 만들어 가는 데 기여하려는 두 사람의 열망에서 출발하였다. 하지만 더 나은 미래를 만드는 일은 우선 우리 머리 안에서 일어나고 있는 갈등을 중재하는 데에서 시작한다. 우리 자신을 이해하지 못하는 한 우리가 남을 이해하기를 기대할 수는 없다.

　갈등에 직면했을 때, 우리 안에서는 싸우거나/도망치거나/얼어붙는 충동적 반응이 일어난다. 이는 우리가 인간임을 나타내는 자연스럽고 예측 가능한 면이다. 하지만 우리가 자기연결(self-connection)의 상태로 돌아와 현존할 수 있는, 혹은 마음의 평정을 유지할 수 있는 신뢰할 만한 방법이 있다. <삶을 중재하기-NVC Mediation> 집중 프로그램은 수천 년 동안 이루어져 온 인간 운영 체계에 대한 영적·과학적 연구를 종합하고자 했다. 이 집중 프로그램은 어려운 상황에서 길을 찾아 항해할 수 있는 여러 가지 '지도(Map)'로 구성된 틀을 제공한다. 이것들은 어떤 상황이나 어떤 규모에서든 사용할 수 있는 학습 가능한 기술을 보여 준다. 꾸준히 연습하면 극적인 결과를 낳는다.

집중해서 배우기

> "나는 그동안 NVC를 자신의 삶에 접목하려고 수년간 노력해 온 많은 사람들을 만나 왔다. 그리고 그들에게 필요한 것이 〈삶을 중재하기—NVC Mediation〉 프로그램이란 걸 깨달았다. 이 집중 프로그램은 NVC의 기본 기술과 정신이 보다 깊은 차원에서 우리 몸에 각인될 수 있게 해 준다."
>
> —뉴트 베일리(NVC 트레이너, The Communication Dojo 설립자)

1년에 걸쳐 진행되는 〈삶을 중재하기-NVC Mediation〉 집중 프로그램은 다음과 같은 역동적이고 유연한 학습 환경을 제공한다. (1) 각자의 속도에 맞춘 단계별 학습. (2) 실제 상황과 흡사한 폭넓은 역할극. (3) 집중 워크숍 기간에 그리고 워크숍 이후에도 참가자들이 계속 성장할 수 있는 체계적 연습을 제공하는 배움 공동체 형성.

　왜 집중 프로그램인가? 갈등에 새로운 방식으로 대응하는 법을 배우는 것은 마치 새로운 언어를 배우는 것과 같다. 그리고 한 언어를 유창하게 구사할 수 있는 가장 좋은 방법은 같은 언어를 사용하고 배우는 사람들이 있는 환경에서 몰입 교육을 받는 것이다. 세 차례에 걸쳐 진행되는 집중 교육과 각 일정 사이에 진행되는 체계적 연습을 통해 참가자들은 새로운 언어, 새로운 일련의 기술들, 새로운 의식을 심화 학습할 수 있다. 그것은 참가자들이 갈등의 모든 양상들과 그들 삶의 다양한 측면에 효과적이고 자신감 있게 대처하는 방법을 학습하는 데 필요한 시간이기도 하다.

경험 있는 트레이너가 〈삶을 중재하기-NVC Mediation〉 기술을 실제로 활용하는 모습을 보면 그 기술들에 결함이 없을 뿐 아니라 심지어 마법처럼 보일지도 모른다. 그 트레이너가 갈등을 해결하는 타고난 재능을 가진 것처럼 보일 수도 있다. 하지만 〈삶을 중재하기-NVC Mediation〉 기술들은 단계별로 세분화하고 지도로 만들면 얼마든지 학습 가능하다.

집중 프로그램은 참가자들이 이러한 학습 가능한 기술들을 습득할 수 있게 도와주며, 갈등이 일어날 만한 모든 영역에 통합적으로 유연하게 적용할 수 있는 방법을 보여 준다. 이것은 프로그램이 진행되는 동안 자체적으로 그 안에서 형성된다. 참가자들은 자신의 내적/외적 갈등을 해결하는 데에 새로운 기술과 NVC 언어를 적용하면서 자신의 삶을 중재하는 법을 배운다. 이런 식으로 참가자들은 자신이 원하는 삶을 창조할 수 있게 되고, 더 유연하게 흐르고 현존하면서 삶의 즐거움을 발견할 수 있다.

참가자들은 내적 경험의 전환을 만들어 가는 작업을 하면서 외적 경험도 변화하는 것을 발견하게 된다. "우리 스스로, 우리가 이 세상에서 원하는 변화가 되자."라는, 마하트마 간디의 유명한 말을 기억하자. 〈삶을 중재하기-NVC Mediation〉 집중 프로그램은 이러한 정신에 따라 참가자들이 자신의 내적 중재 기술들을 자신과 공동체 모두를 위해 사용하도록 격려한다. 세 차례의 집중 프로그램에서 참가자들은 역할극 형태의 연습에서 중재자의 역할을 맡는다. 이러한 방식을 통해 참가자들은 다른 사람의 소통과 연결을 지원하는 능력이 향상된다. 또한 참가자들은 공식/비공식적 중재자로서 갖추어야 할 기술을 배우면서 중재 능력을 심화하고 강화한다.

프로그램의 횟수가 더할수록 수준은 더 깊어진다. 이 프로그램에 전념한 참가자들은 다른 사람에게 자신의 삶을 중재하고 프로그램을 실천하는 방법을 가르칠 수 있는 전문적인 기술을 숙달할 수 있다. 참가자들은 각자 자신의 삶을 중재하는 연습과 경험을 통해, 개인을 코치하고 그룹이 〈삶을 중재하기-NVC Mediation〉 기술을 발전시킬 수 있도록 이끄는 방법을 배우게 된다.

새로운 언어와 새로운 정신을 능숙한 수준으로 유지하기 위해서는 노력이 필요하다. 특히 이 새로운 언어와 정신이 현재의 문화적 맥락과 상반되는 것처럼 느껴질 때 더 그러하다. 이런 이유로 세 번의 집중 워크숍만큼이나 각 워크숍 사이에 구조화된 연습을 하는 것이 중요하다. 〈삶을 중재하기-NVC Mediation〉은 집중 교육 기간과 그 이후에, 서로의 연습과 성장을 지원할 동료 학습자들의 공동체를 형성하도록 돕는다.

이러한 집중 프로그램은 지속적인 협력을 중시하는 정신에 따라서 설계되었다. 이 프로그램에서는 트레이너가 앞에 있지만 모든 사람이 배움에 기여한다. 이 프로그램은 계속 성장하고 있는 다양한 공동체의 기여로 변화하고 갈수록 풍요로워진다.

학습 구조

> "인간은 직접 경험을 할 때 가장 잘 배운다. …… 하지만 '행동을 통한 배움'은 행동 후 즉각적이고 분명한 피드백이 있을 때 효과가 있다."
>
> —피터 센게(MIT 슬로안 경영대학)

집중 프로그램은 다섯 가지 학습 구조로 이루어져 있다.

1. 경험을 통한 배움: 세 의자 모델

존과 아이크는 실시간 피드백과 코칭, 그리고 자기주도적 학습 등 경험을 통해 배우는 학습 환경을 위해 세 의자 모델을 고안했다. 참가자들은 자기 삶에서 일어나는 실제 갈등을 '의자에 놓고' '자신의 삶을 중재'한다.(p.127 "지도: 내면 중재 모델" 참조) 참가자들은 실제로 해 보면서 배우고, 다양한 관점의 피드백을 받는다. 최상의 배움을 위해 참가자들은 갈등 상황 역할극에서 역할을 돌아가며 한다. 즉, 참가자들은 중재자와 갈등 당사자 역할을 다 해 볼 기회를 가진다. 중재자 의자에 앉는 사람은 현존하면서 자신과 연결하는 연습을 하게 된다. 연습 과정에서 중재자 역할을 하는 사람은 트레이너의 실시간 코칭을 받고, 갈등 당사자 역할을 하는 사람들과 관찰하는 사람들로부터 피드백을 받는다. 갈등의 양 당사자와 관찰자들은 나중에 중재자 의자에 옮겨 앉아 방금 배운 것을 직접 연습할 수 있다.

2. '모의 비행 장치'에서 연습하기: 학습 영역에 있기 위해 어려움의 정도를 조정하기

집중 프로그램에서는 참가자 스스로 도전과 복잡성의 수준을 스스로 설정할 수 있게 만들었다. 세 의자 모델과 그 밖의 다른 체험 활동에서 참가자는 어려움의 정도를 스스로 조정한다. 연습 수준을 자신에게 맞게 조정하는 능력은 참가자들이 지루해져 버리거나 압도되는 상황은 피하고 최적의 학습 영역에 바로 머물게 함으로써 학습 효과를 극대화한다. 역할극 연습은 비행기 운전을 배울 때 '모의 비행 장치'를 이용하는 원리와 같다. 시뮬레이션 과정에서 참가자는 역할극

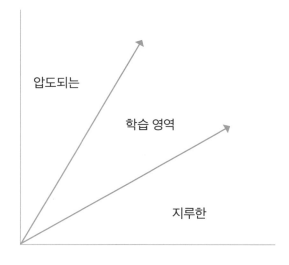

을 언제든 중단하고서 도전의 수준을 높이거나 낮출 수 있고, 도움을 받거나 혹은 시행착오를 통해서 얻은 정보를 그 자리에서 종합해 '다시 시행'해 볼 수 있다.

3. 개인의 욕구를 충족할 수 있는 학습 환경 최적화하기

참가자들은 집중 프로그램에서 배운 것들을 자신의 실제 갈등 상황에 적용할 수 있는 기회를 가지게 된다. 이것은 이상적이라고 할 수 있다. 왜냐하면 안전한 학습 환경에서 '자신의 삶을 중재'할 기회를 가지면 이런 기술들을 '야생의 삶'에서 활용할 수 있는 능력을 기를 수 있기 때문이다. 예컨대 집중 프로그램 밖의 상황에서 NVC나 〈삶을 중재하기—NVC Mediation〉을 연습하지 않은 사람들과도 이 기술을 적용할 수 있다. 배움의 초기에 있는 참가자들은 대체로 우리가 제공하는 지도와 방법론을 있는 그대로 충실하게 따른다. 하지만 자신감이 생기면서 사람들은 〈삶을 중재하기—NVC Mediation〉 기술을 의미 있게 적용하는 자신만의 방법을 발견하게 되기도 한다.

우리는 이러한 진화를 독려한다. 내담자 중심 치료의 창시자인 칼 로저스는 그의 책『진정한 사람 되기*On Becoming a Person*』에서 "한 인간의 행동에 의미 있는 영향을 미치는 유일한 배움은 스스로 발견하고 스스로 조절한 배움"이라고 말한 바 있다. 우리는 참가자들에게 그들의 배움의 욕구를 우리가 가장 잘 충족시킬 수 있는 방법을 알려 달라고 요청한다. 동시에 우리는 참가자들이 〈삶을 중재하기—NVC Mediation〉 접근법을 그들 자신의 것으로 만들도록 초대한다.

4. 학습과 그룹 의사결정 촉진에 NVC 중재 기술을 사용하기

우리는 우리가 가르치는 것을 연습한다. 트레이너들은 그룹의 의사결정과 학습을 촉진하기 위해 이 프로그램에서 제공하는 기술들을 사용하고 본보기가 되려고 노력한다. 이런 방식으로 안전하고 연결이 가능한 환경을 조성하고, 학습 과정에서 즐거움을 증진시키는 것이 우리의 의도이다. 우리는 참가자들이 습득한 기술을 활용하여 자신이 원하는 것들을 집중 프로그램 전반에서 충분히 얻어 갈 수 있도록 격려한다.

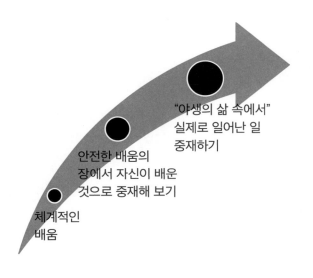

"야생의 삶 속에서" 실제로 일어난 일 중재하기

안전한 배움의 장에서 자신이 배운 것으로 중재해 보기

체계적인 배움

5. 배운 것을 추수하기

각 세션이 끝날 때마다 우리는 참가자들이 세션에서 경험한 것들에 대한 피드백을 요청하는 과정을 통해 '배운 것을 추수한다'. 이 시간은 참가자들이 특별히 충족된 욕구나 충족되지 않은 욕구 그리고 배움을 위해 필요한 부탁을 표현하는 시간이다. 우리는 이 집중 프로그램이 각각의 과정에서 참가자들의 욕구에 맞추어 끊임없이 진화하는 생동적이고 살아 숨 쉬는 프로그램이라는 점을 다시 한 번 강조하고자 한다. 이런 점에서 우리는 참가자들에게 자기 자신의 욕구를 충족하고 경험을 풍요롭게 하는 데 도움이 되는 구체적인 부탁을 표현하길 요청한다.

프로그램의 목표

〈삶을 중재하기—NVC Mediation〉은 개인 내면의 갈등, 나 자신과 다른 사람 사이의 갈등, 갈등이 있는 사람들 사이를 중재하도록 지원한다.

첫 번째 워크숍이 끝난 후 참가자들은 다음을 부탁받는다.

- 3인 1조 연습모임을 만들어 매주 참여하기
- 2인 1조 파트너와 매주 만나기
- 매일 자기연결 연습

1년 집중 프로그램을 통해 참가자들이 도달하기 바라는 우리의 목표는 다음과 같다.

- 자기 삶에서 생겨나는 갈등을 훨씬 더 자신감 있고 수월하게 다룰 수 있다.
- 〈삶을 중재하기—NVC Mediation〉 기술들을 사용하여 개인적/직업적 상황에서 보다 효과적으로 갈등을 해결하고 관계를 치유하며 주위 사람들의 웰빙에 기여한다.
- 갈등을 겪는 사람들을 공식적/비공식적으로 도울 수 있다.
- 중재 기술을 발휘하고 유지할 수 있는 지원 공동체를 만들 수 있다.

1년 집중 프로그램 참가자들은 다음과 같은 경험을 보고했다.

- 갈등을 이해하고 대응하는 방법의 긍정적 변화
- 갈등의 한가운데에서 편안할 수 있는 능력의 향상
- 어려운 상황에서 자신과 상대를 공감할 수 있는 능력의 향상
- 이전에는 압도적인 것으로 보였던 상황에 직면했을 때, 현존으로 돌아갈 수 있는 능력 향상

향후 5년에 걸친 우리의 목표는 다음과 같다.

- 가능한 한 전 세계 많은 언어로 〈삶을 중재하기—NVC Mediation〉 교육이 열리는 것
- 참가자들이 이 교육을 통해 트레이너가 되어, 이후 세계 곳곳에서 〈삶을 중재하기—NVC Mediation〉 교육과 프로그램을 진행하는 것
- 참가자들이 중재자가 되어, 개인 연습을 하고 전 세계 동료 네트워크에 접근하는 것
- 더 많은 사람들이 NVC와 〈삶을 중재하기—NVC Mediation〉 기술을 개발하면서, 이 기술 뒤에 있는 실천과 철학이 전 세계 조직, 공동체, 가족의 문화규범으로 자리 잡는 것

M · E · M · O

NVC와 욕구언어

NVC의 창시자 마셜 로젠버그는 평가/판단은 충족되지 못한 욕구들의 비극적인 표현이라고 했다. 우리 모두가 매 순간 자신의 욕구를 충족하기 위해 노력하고 있다는 사실을 알아차리는 것이 NVC의 핵심이다. 우리 자신의 욕구를 알아차리지 못할 때 우리는 대부분의 시간을 서로가 그저 자동 반사적으로 반응하게 되고, 이로 인해 관계는 황폐해지게 된다.

하지만 우리가 우리의 생각과 행동을 의식적으로 선택했을 때, 훨씬 더 효과적으로 난관을 헤쳐 나가고 우리 자신의 욕구 또한 충족할 수 있다. 보편적인 욕구라는 개념을 기반으로 우리는 상대편에게 말하는 방식, 스스로에게 말하는 방식, 스스로의 목소리를 듣는 방식에 초점을 맞추는 언어를 만들어 낼 수 있다. 욕구의 언어로 조율했을 때 아주 획기적인 전환이 발생한다. 즉, 누구나 가지는 인간의 보편적인 욕구가 더 이상 갈등의 원인이 아니라 우리가 서로 분리되어 있다는 허상이 벗겨지는 연결의 장이 된다.

* p.162 "참고 자료"의 'NVC를 배우는 데 도움이 되는 자료'를 보라.

관찰, 느낌, 욕구, 부탁

NVC 용어에서 관찰, 느낌, 욕구, 부탁은 대화의 네 가지 구성 요소이다. 이 네 요소들에 이름을 붙이는 것은 좀 더 우리의 욕구를 충족하는 방식으로 우리가 듣고 표현할 수 있도록 도와준다.

네 가지 요소를 사용한 대화의 사례

"네가 내 책상 위의 문서들을 다시 배열하는 것을 보았을 때[관찰], 난 걱정스러워[느낌]. 왜냐하면 내가 작업하는 것들을 찾지 못했을 때 내가 어떨지 이해[욕구]받고 싶기 때문이야. 그러니까 내 책상을 정리하기 전에 미리 내게 물어봐 주겠니[부탁]?"

관찰	vs. 평가와 판단
• 일어난 것을 기술하기 • 있는 그대로 보기(캠코더처럼) • 상대편의 말을 인용하기 "네가 방을 나가면서 문을 닫았는데 방이 흔들렸을 때…"	• 그것에 대한 생각, 진단 • 해석, 분석 • 누가 옳은지 그른지, 좋은지 나쁜지, 혹은 누가 비난받아야 하는지 결정하기 "네가 문을 쾅 닫았을 때…"
느낌	vs. 가짜 느낌
• 행복한, 슬픈, 기쁜, 화난 등 • 몸의 감각 • 감정 "…나는 목이 메면서 슬프고 좌절스러웠다."	• 느낌으로 사용하지만 다른 사람에 대한 판단이 포함된 단어들 "버림받은 기분이다."
욕구	vs. 수단/방법
• 보편적인; 모든 인간은 같은 욕구를 가진다. • 특정한 사람, 장소, 사물에 집착하지 않는다. "나는 상호 이해가 필요했거든."	• 특정한 행동, 사람 혹은 사물은 욕구를 충족하기 위한 수단이다. "앞으로 30분만 더 해 줄래?"
부탁	vs. 강요
• 실행 가능한 • 현재 시제 • 행동 언어 "지금 내가 뭐라고 했는지 들은 것을 말해 줄 수 있니? 이 말이 어떻게 들리니?"	• 수치심, 두려움, 부끄러움; 상대편의 선택을 부정하기 "다시는 그렇게 안 할 거지?"

연습: 관찰, 느낌, 욕구, 부탁

가벼운 자극을 받았던 상황을 떠올려 본다. 자신이 비디오카메라가 되었다고 생각하고 나를 자극했던 상황을 평가가 아닌 중립적인 언어로 묘사한다. 이것이 관찰이다. 관찰을 찾았다면 다음 쪽에 나오는 느낌 목록을 참고하여 앞의 상황을 떠올렸을 때 일어나는 하나 이상의 느낌을 찾아본다. 그다음에는 욕구 목록을 참조하여 그 상황에서 충족되지 않은 욕구를 하나 이상 찾는다. 마지막 단계로, 자신의 충족되지 않은 욕구를 충족하는 데 도움이 되는, 상대에게 할 부탁을 생각해 본다.

자신의 사례를 가지고 아래의 단계대로 적어 본다.

관찰   내가 _____을 보았을 때/들었을 때,

느낌   나는 _____을 느낍니다.

욕구   왜냐하면 나는 _____이(/을) 필요/중요(/원하기) 때문입니다.

부탁   _____을 해 주실 수 있습니까?

느낌/욕구 목록

느낌(Feelings)

좌절스러운	놀란	어리둥절한
조바심 나는	겁나는	
성가신	간절한	**평화로운**
짜증 나는		차분한
불안한		흡족한
싫증 난	**압도된**	만족스러운
	충격 받은	긴장이 풀린
	기진맥진한	고요한
슬픈	막막한	
외로운, 마음이 무거운	내키지 않는	
고통스러운, 마음이 아픈	지친	**애정 어린**
가슴이 미어지는		따뜻한
절망적인		부드러운
비통한	**혼란스러운**	감사하는
	주저하는	다정한
	고민스러운	사랑하는/행복한
무서운	난처한/당황스러운	
공포스러운	모호한/의심스러운	

기쁜	즐기는	흥미로운/관심이 가는
흥분한	힘이 솟는	영감을 얻은
즐거운	마음이 탁 트이는	강렬한
아주 기뻐하는	모험을 즐기는	궁금한
확신에 찬	장난기가 발동되는	놀라운
	생동감이 있는	매혹된

욕구(Needs)

웰빙	연결	표현
생계/지속가능성	사랑, 수용	축하, 놀이
음식/영양분	중요하게 여겨짐	보기/보임
안전	돌봄	진정성
보호	친밀함, 우정	자율성
몸과 마음의 건강	존중, 배려	자유
움직임, 놀이	평등, 교감	선택
휴식	공동체, 소속감	의미
균형, 질서	알기/알려짐	창조성
편안함, 흐름	협력, 지원	기여
평화, 조화	현존, 알아차림	영감
신체적 접촉	이해, 명료함	유머
성장, 배움	솔직함, 신뢰	열정
효능감	목표	일치
온전함	힘, 영향력	감사
아름다움	포함, 상호성	

느낌은 생각처럼 우리 안에서 일어나는 것에 대한 반응이거나, 호랑이에게 쫓길 때처럼 우리 밖에서 일어나는 신체적 상해에 대한 반응이다. 느낌은 내면에서 일어나는 반응으로, 욕구(Needs)

가 충족되었는지 충족되지 않았는지를 즉각적으로 알려 준다. 욕구는 인간에게 보편적으로 중요한 것들을 의미한다. 욕구는 우리가 이 세상에서 생존하고 번성하기 위해 누구나 필요로 하는 것이다.

느낌은 우리의 안과 밖에서 일어나는 일에 대해, 뇌의 비언어적 시스템이 이를 해석하여 우리에게 알려 주는 것이다. 우리가 느낌을 알아차렸다면, 이미 일어난 일에 대해서 해석의 과정을 거쳐 얻어진 보고에 주의를 기울이고 있다는 것이다. 만일 두려움을 느낀다면, 우리의 비언어적 시스템이 행복을 느낄 때와는 아주 다르게 주어진 정보를 해석하고 있는 것이다. 느낌에 이름을 붙이고 주의를 기울임으로써 우리는 이 비언어적 평가 시스템에 접근하게 된다. 이때 전제가 되는 것은 이러한 비언어적 시스템(우리는 대개 이런 시스템을 하나 이상 가지고 있다)이 현재 우리 상태가 괜찮은지 그리고 앞으로 괜찮아질 것인지를 평가한다는 점이다. 이러한 질문에 대한 반응이 느낌이다. 우리의 의식과 언어에 기반을 둔 마음을 통해, 우리는 이 질문을 어떤 욕구가 충족되고 어떤 욕구가 충족되지 않고 있는지에 관한 질문으로 바꿀 수 있다.

느낌을 인지함으로써 그 질문에 대한 답을 할 수 있는 단서를 얻는다. 느낌은 우리의 내외부 세계를 탐색하는 데 중요한 부가 정보를 준다. 우리가 이러한 부가 정보를 얻었을 때 우리는 더는 어렸을 때 배운 습관적 행동 방식으로 우리의 느낌 상태에 반응하지 않는다. 그 대신 우리는 어떻게 하면 나 자신의 욕구와 상대편의 욕구를 더 잘 충족시킬 수 있을 것인가 하는 눈으로 우리의 삶을 들여다볼 수 있다. 이렇게 함으로써 우리는 그동안 해 오던 것과는 다른 방식으로 반응을 선택할 수 있게 되고 또한 경험으로부터 배울 수도 있게 된다. 이러한 개인적 배움의 과정을 통해 우리 자신뿐 아니라 다른 사람의 내적 삶에 대한 통찰을 얻을 수 있다. 따라서 느낌은 우리 자신과 다른 사람을 깊이 이해할 수 있는 출입구와도 같다.

욕구가 충족됐을 때

자극(관찰) 당신이 우리가 약속한 날짜보다 이틀 일찍 보고서를 제출했을 때,
느낌 저는 놀라고 행복했습니다.
욕구 왜냐하면 제가 시간을 더 가질 수 있어서, 제가 원하는 질을 갖춘 보고서를 작성할 자신감이 생겼기 때문입니다.

욕구가 충족되지 않았을 때

자극(관찰) 약속한 시간보다 15분 늦게 당신이 도착했을 때,
느낌 저는 좌절스럽고 화가 났습니다.
(충족되지 않은)욕구 왜냐하면 저는 제 시간에 대한 존중을
원하기 때문입니다.
부탁 약속에 늦을 것 같으면 바로 제게 알려 줬으면 합니다.
앞으로 그렇게 해 줄 수 있습니까?

연습

지금 이 순간 자신의 느낌을 적어 본다. 지금 어떤 욕구가 충
족되고 있는가? 어떤 욕구가 충족되지 않고 있는가? 몇 분
정도 시간을 가지고 파트너와 나눈다.

가짜 느낌

가짜 느낌들은 순수한 느낌이라기보다는 우리 머릿속에 있는 스토리이다. 가짜 느낌 뒤에는 누군가 잘못했다거나 비난받아 마땅하다는 생각이 자리 잡고 있다. 가짜 느낌은 보통 "나는 …… 느낀다."라는 문장과 함께 쓰이기 때문에 구별해 내기가 어렵다. 아래 표에서 첫 번째 칸에는 가짜 느낌을 적어 놓았다. 두 번째 칸은 가짜 느낌을 말할 때, 그 말을 하는 사람이 경험할 것으로 추측되는 느낌을 적어 놓았다. 세 번째 칸에는 그 느낌 뒤의 욕구로 짐작되는 것을 제시하고 있다.

가짜 느낌

가짜 느낌	느낌	욕구
버려진	공포스러운, 속상한, 당황스러운, 슬픈, 놀란, 외로운	양육, 연결, 소속감, 지원, 돌봄
학대받은	화난, 절망스러운, 겁나는	돌봄, 양육, 지원, 웰빙
수용받지 못한	짜증 나는, 겁나는, 외로운	포함, 연결, 공동체, 소속감
공격당한	겁나는, 화난	안전
하찮게 여겨지는	화난, 절망스러운, 긴장한, 괴로운	존중, 자율성, 보여지기, 인정
배반당한	화난, 속상한, 실망한, 격노한	신뢰, 정직, 명예
비난받은	화난, 겁나는, 혼란스러운, 적대적인	신뢰, 공정함, 정의

가짜 느낌	느낌	욕구
왕따 당하는	화난, 겁나는, 눌린	자율성, 선택, 안전, 배려
사기 당한	분개하는, 마음이 아픈, 화난	정직, 공정, 정의, 신뢰
강요당한	화난, 절망스러운, 놀란, 좌절된, 두려운	선택, 자율성, 자유
구석에 몰린	화난, 절망스러운, 두려운, 불안한	자율, 자유
비판받는	고통스러운, 겁나는, 걱정스러운, 창피한	이해, 인정, 승인
경시되는	속상한, 화난, 걱정스러운, 절망스러운	중요하게 여겨짐, 인정, 포함
좋아하지 않는	슬픈, 외로운, 속상한	연결, 감사, 이해
신뢰받지 못하는	슬픈, 절망스러운	신뢰, 정직
헐뜯는	화난, 압도된	존중, 배려
괴롭힘을 당하는	화난, 좌절한, 압박을 받는, 겁이 나는	존중, 공간, 배려, 평화
시달리는	초조한, 고민스러운, 화난, 절망스러운	평온, 자율, 침착, 공간
무시당한	외로운, 무서운, 속상한, 슬픈, 민망한	연결, 소속, 포함, 공동체
모욕적인	화난, 민망한	존중, 배려, 인정
방해받는	화난, 절망스러운, 분개한, 속상한	존중, 내 말이 들려지는 것, 배려
협박받은	겁나는, 불안한	안전, 평등, 권한/힘
무효가 된	화난, 속상한, 분개하는	감사, 존중, 인정
투명인간 같은	슬픈, 화난, 외로운, 겁나는	보여지고 들려지기, 포함, 소속감
고립된	외로운, 걱정하는, 겁나는	공동체, 포함, 소속, 기여
버려진	슬픈, 외로운, 불안한	포함, 소속, 공동체, 연결
실망시킨/기대를 저버린	슬픈, 실망스러운, 무서운	일관성, 신뢰, 믿음직함
조종당한	화난, 두려운, 무력한, 좌절한, 절망스러운	자율성, 영향력/힘, 신뢰, 평등, 자유
불신당하는	슬픈, 화난	신뢰
오해받은	당황스러운, 화난, 절망스러운	내 말이 들려지기, 이해, 명료함
방치된	쓸쓸한, 무서운	연결, 포함, 참여, 공동체
제압당한	화난, 무력한, 막막한, 혼란스러운	평등, 정의, 자율성, 자유
혹사당한	화난, 지친, 절망스러운	존중, 배려, 휴식, 돌봄

가짜 느낌	느낌	욕구
아랫사람 취급을 받은	화난, 절망스러운, 분개하는	인정, 평등, 존중, 상호성
압박당한	불안한, 분개한, 압도된	이완, 명료함, 공간, 배려
도발당한	화난, 절망스러운, 적대적인, 분개하는	존중, 배려
바보 취급당한	화난, 슬픈, 민망한	존중, 인정, 이해
거절당한	속상한, 무서운, 화난	소속감, 포함, 친밀, 보여지기
갈취당한	화난, 분개하는, 실망스러운	배려, 정의, 공평함
억제당한/질식당하는	좌절스러운, 무서운, 절망스러운	공간, 자유, 자율, 진정성
당연시되는	슬픈, 화난, 속상한, 실망한	감사, 인정
위협당한	무서운, 두려운, 놀란, 흥분한, 대담한	안전, 자율성
짓밟힌	화난, 절망스러운, 압도된	능력 부여, 연결, 공동체, 보여지기
속은	민망한, 화난, 분개한	일치, 신뢰, 정직
인정받지 못하는	슬픈, 화난, 속상한, 절망스러운	감사, 존중, 인정
들려지지 않는	슬픈, 적대적인, 절망스러운	이해, 배려, 공감
사랑받지 못한	슬픈, 당황한, 절망스러운	사랑, 감사, 공감, 연결
보여지지 않는	슬픈, 염려스런, 절망스러운	인정, 감사, 내 말이 들려지는 것
지원받지 못한	슬픈, 속상한, 분개한	지지, 이해
환영받지 못하는	슬픈, 염려스러운, 절망스러운	소속, 포함, 돌봄
이용당한	슬픈, 화난, 분개한	자율성, 평등, 배려, 상호성
희생당한	두려운, 막막한	능력 부여, 상호성, 안전, 정의
침해당한	슬픈, 흥분한, 염려스러운	사생활, 안전, 신뢰, 공간, 존중
부당한 대우를 받는	화난, 속상한, 분개하는, 초조한	존중, 정의, 신뢰, 안전, 공평함

* 이 목록은 2000년 4월 위스콘신 IIT에서 개발되었으며, 수잔 스카이가 정리했다.

중재를 하는 중에 가짜 느낌을 말하면, 중재자는 그 사람의 진짜 느낌과 그 뒤에 있는 충족되지 않은 욕구를 이해하고자 노력한다. 중재 상황에서 중재자가 한 당사자의 충족되지 않은 욕구를 들을 수 있을 때, 중재자는 그 당사자가 다른 당사자로부터 이해받았다고 느낄 수 있도록 도울 수 있다. 가짜 느낌(실제로는 어떤 생각이나 스토리)을 진짜 느낌처럼 대하면, 우리는 충족되지 않은 욕구를 듣게 되는 것이 아니라 분리나 단절감이 지속되도록 오히려 돕는 꼴이 된다. 충족되지 않은 욕구를 들을 때에야 비로소 이해와 연결로 나아가는 출발점이 될 수 있다.

연습

앞의 가짜 느낌 목록을 다시 한 번 본다. 하나하나 읽어 보면서, 자기 경험을 설명하기 위해 그런 가짜 느낌을 사용했던 상황을 떠올려 본다. 그러고 나서 가짜 느낌의 오른쪽 칸에 나열되어 있는 느낌을 참고하여 그 상황에서 자신의 실제 느낌을 찾아본다. 마지막으로, 그 옆의 칸에 나열된 욕구를 보고 그 상황에서 자신의 충족되지 않은 욕구에 해당하는 것이 있는지 찾아본다. 이렇게 가짜 느낌과 비교하여 자신의 느낌과 충족되지 않은 욕구를 구별할 때 어떤 차이가 있는가? 자신의 경험을 적어 본다.

의사소통의 네 가지 선택

인간의 욕구에 기반한 언어를 사용할 때, 우리는 매 순간 NVC의 네 가지 방식의 의사소통 중에서 선택을 할 수 있다. 이 중 두 가지는 우리 자신에게 초점을 맞추는 것이고, 다른 두 가지는 상대편에 초점을 맞추는 것이다. 우리 내면에서 일어나는 일에 주의를 기울였을 때, 우리는 침묵으로 혹은 소리를 내어 말할 수 있다. 그와 마찬가지로, 상대편의 내면에 주의를 기울였을 때에는, 속으로 추측하거나 아니면 추측한 것을 소리 내어 말할 수 있다. 이 네 가지 선택 모두의 핵심은 우리의 주의를 현재에 두는 것, 우리 내면에서 그리고 상대편의 내면에서 지금 무슨 일이 일어나고 있는지에 우리의 주의를 기울이는 것이다.

의사소통의 네 가지 선택

자기 공감(침묵으로/자신에게 초점)

- 자신의 관찰, 느낌, 욕구, 부탁(OFNR)을 침묵으로 찾아본다.
- 자기 공감은 다른 사람을 공감하거나 자기표현을 하기 위해 기본적으로 필요한 것이다.

자기표현(소리 내어/자신에게 초점)

- 비난이나 비판, 강요 없이 자신의 관찰, 느낌, 욕구, 부탁을 표현한다.
- '고전적인' NVC 구조: "내가 ……을 봤을 때, 나는 ……을 느낍니다. 왜냐하면 나는 ……을

원하기 때문입니다. ……를 해 줄 수 있나요?

- '자연스러운 일상적' NVC: 자기 공감에서 우러나오는 자연스러운 언어로 표현한다.

공감(침묵으로/상대편에게 초점)

- 상대편의 관찰, 느낌, 욕구, 부탁을 침묵으로 추측한다.
- 우리의 주의를 상대편에게 두며 듣는 방법으로, 상대방의 경험을 이해하려는 시도를 한다.

공감(소리 내어/상대편에게 초점)

- 상대편이 지금 이 순간 경험하고 있는 것을 물어본다. 즉, 비판이나 비난, 강요하려는 의도 없이 상대편의 관찰, 느낌, 욕구, 부탁을 추측해서 듣는다.

사례

서영이가 친구 은정에게 전화를 걸었다.

은정: 여보세요?
서영: 은정아. 나야, 서영이. 어떻게 지내?
은정: 웬일이야? 내 생일도 까먹고 몇 달 동안 감감 무소식이더니……. 이제는 나한테 관심도 없잖아?

서영이는 의사소통의 네 가지 선택을 떠올렸다.

자기 공감(침묵으로/자신에게 초점)

'은정이한테 내가 자기 생일을 잊어버렸다는 얘기를 들으니 당황스럽다. 나는 연결이 중요해. 은정이와 내가 연결되기를 바라면서, 자기 부탁으로 의사소통의 네 가지 선택을 떠올려 보자.'

침묵 공감(침묵으로/상대편에게 초점)

'내가 이제 자기한테 관심 없다는 말을 들었는데, 은정이는 속상한가? 슬픈가? 관심이 필요한가? 자신이 중요한 사람이라는 것을 알고 싶은가?'

자기표현(소리 내어/자신에게 초점)

서영: 은정아, 그 말을 들으니 좀 당황스러워. 왜냐하면 나는 우리 사이의 연결이 중요하거든.
        잠깐 얘기할 수 있겠니?

은정: 그래. 잠깐 얘기해. 나 정말 화가 나.”

공감(소리 내어/상대편에게 초점)

"고마워. 우리가 서로 얘기할 수 있어서 감사하다. 네가 화가 난다고 한 말을 들었는데, 속상했어? 왜냐하면 친구의 관심을 받고 싶고, 네가 얼마나 중요한 사람인지 확인하고 싶어서?”

서영이가 이 네 가지 선택을 이용하여, 두 사람 모두 상대편이 자신의 말을 듣고 이해했다는 느낌이 들 때까지 대화를 계속할 수 있다.

	침묵으로	소리 내어
나	**자기 공감** 자신이 관찰하고, 느끼고, 원하고, 부탁하는 것을 스스로에게 말하기	**자기표현** 비난, 비판, 강요하지 않으면서 내가 어떤지를, 그리고 내가 부탁하고 있는 것을 말하기
상대편	**공감** 다른 사람의 OFNR을 추측하기	**공감** 상대편을 비판, 비난, 강요하지 않으면서 상대편이 어떤지를, 그리고 그가 부탁하고 있는 것이 무엇인지를 추측하기

* "9가지 중재 기술"(p.60)에서 공감과 공감의 요소, 공감적 추측에 대한 설명을 더 볼 수 있다.

2

갈등 중재를 위한
〈삶을 중재하기-
NVC Mediation〉
접근법

무엇이 갈등을 만드는가?

인간의 뇌에 대한 연구에 따르면, 우리 인간은 서로서로 공감을 경험하고 특히 자신과 가까운 대상과 협력 관계를 맺을 수 있도록 태어났다고 한다. 이는 전 세계의 영적 지혜의 전통에서도 확인된다. 그렇다면 우리 인간이 어떻게 파괴적 갈등에 이르게 되는가?

갈등이 발생하는 데에는 두 가지 양상이 있다. 하나는 사람들이 욕구를 충족하기 위한 수단/방법이 충돌해 갈등이 발생한다는 것이다. 즉, 생각, 신념, 행동의 차이에서 갈등이 발생한다. 또 하나는 어떤 사람의 행위의 결과로 누군가가 상처나 상해를 입게 될 때 갈등이 생겨난다. 이 경우에는 과거, 어쩌면 어린 시절까지 거슬러 올라가는 과거의 아픔이나 상처를 자극하기도 한다. 갈등의 두 가지 양상—수단/방법의 충돌 그리고 상처의 자극—이 나타날 때, 어떤 사람들은 '지배하는 힘을 쓰는 방식'(죄책감, 수치심, 상과 벌)으로 반응하거나 혹은 방어적 태도를 취한다. 이럴 때 우리가 똑같은 인간이라는 연결감이 사라진다.

인지적/언어적 차원에서, 앞의 과정은 도덕주의적 판단과 강요, '적 이미지'(적 이미지에 대한 자세한 내용은 103쪽에 나온 "지도: 적 이미지 프로세스" 참고)의 형태를 취한다. 생물학적 차원에서는 두려움과 분노, 생존 기제—싸우거나/도망가거나/얼어붙는 반응—와 관련되어 있다. 이런 반응들은 자동 반사적이고 무의식적으로 표출될 때가 많다. 따라서 중요한 것은 현존(알아차림)과 욕구의 언어이다. 욕구의 언어는 (우리가 두려워하는 것이 아니라) 우리가 인간으로서 원하고 중요하게 여기는 것에 연결하게 해 주고 우리가 똑같은 인간이라는 것을 의식하도록 돕는다.

갈등은 또한 우리가 개별적인 생물 유기체인 점에서도 기인한다. 우리가 아무리 애를 써도 상대가 경험한 것을 경험할 수는 없다. 어떤 사람이 우리에게 자신의 경험을 말해 줄 수는 있다.

그 사람이 그 경험을 몸짓으로 표현하고 춤을 추고, 우리가 그 경험을 재창조하도록 노력해 볼 수는 있다. 하지만 우리가 결코 그 사람의 신경 시스템 안으로 들어가 그의 지각이나 사고 혹은 감정들을 경험해 볼 수는 없다. 그렇기 때문에 우리는 현실에 대한 각자의 해석만을 가질 뿐이다. 이러한 차이로 오해가 생겨난다. 그리고 오해는 종종 불신을 낳는다. 신뢰를 한번 잃으면 오해를 풀기는 한층 더 어려워진다.

연습

잠시 시간을 가지고 자신의 삶에서 갈등 하나를 떠올려 본다. 아래의 질문에 답을 적은 뒤 파트너와 나누는 시간을 가진다. 사건을 떠올렸을 때 가장 먼저 떠오르는 것은 무엇인가? 그에 대해 자신은 어떤 판단을 가지고 있는가? 그 판단을 말할 때 어떤 느낌이 일어나는가? 당시에 충족되지 않았던 자신의 가치는 무엇인가? 무엇이 다르게 일어났기를 바라는가?

통합적 틀: 지도들의 지도

이 교육에서 접근하고 있는 갈등 중재 방식은 갈등을 연결로 전환하는 것이다. 이는 싸우거나/도망치거나/얼어붙는 생물학적인 반응(그리고 이와 함께 일어나는 생각과 언어)을 현존(presence)과 연결(나 자신과, 그리고 다른 사람과 연결)로 전환하는 것이다. 이러한 연결로부터 새로운 가능성이 출현한다. 이러한 접근은 **중재의 두 차원**을 포함하고 있는 통합적 틀로서 제시된다.

첫 번째 차원은 중재가 진행될 때 누가 연관되어 있는가에 관한 것이다. (1) 나의 내면(내 머릿속에서 '서로 싸우는' 목소리들 사이), (2) 나와 다른 사람 사이, (3) 제3자 간(갈등을 겪고 있는 사람들을 공식/비공식적으로 도울 때). 이에 대한 다른 접근법은 1인칭, 2인칭, 3인칭 갈등이라는 관점으로 생각하는 것이다.

두 번째 차원은 시간과 관련된 것이다. 사전 중재, 본 중재, 사후 중재. 즉, 어려운 대화를 준비할 때, 대화를 하는 중에, 대화를 하고 나서 대화에서 있었던 일로 배울 때.

이러한 차원과 그에 따른 상황/맥락을 격자로 그려진 9개의 면에 표현할 수 있다. 우리는 이 격자를 통합적 틀이라고 부른다. 이 격자의 면 안에 '지도(map)'를 배치해 놓고, 특정 상황의 갈등에서 적용할 수 있도록 안내하고 있다. 우리는 이 통합적 틀의 지도가 우리 모두에게 유기적으로 살아 있다고 믿기 때문에 이 지도를 이해하고 명료화하는 것은 각자의 몫이다. 통합적 구조의 지도들이 '인간 운영 체제(human operating system)'를 사용하여 갈등에 대응하기 위한 매뉴얼을 만든다. 우리는 그러한 매뉴얼을 가지고 태어나지 않았다. 우리의 방식이 여러분에게 어떻게 도움이 되는지에 대한 피드백을 환영한다.

통합적 틀

	사전	본	사후
내적	자기 연결 프로세스(SCP) p.42	내면 중재(IM) p.127	선택자-교육자(C-E) p.129
나와 다른 사람 사이	적 이미지 프로세스(EIP)—자기 공감 p.103	나와 다른 사람 사이의 갈등 중재 모델(IPM) p.119 회복하기(MA) p.123	애도/축하/배움(MCL)— 자기 공감 p.111
다른 사람들 사이 (공식적/비공식적)	적 이미지 프로세스(EIP)— 공감 p.103	5단계 중재 모델(MM) p.56 치유와 화해(H&R) p.120	애도/축하/배움(MCL)— 공감 p.111

내재된 구조/DNA

각각의 지도에는 두 가지 국면이 있다. 첫 번째 국면을 우리는 **이해와 연결**이라고 부른다. 자신과 상대편의 경험과 욕구를 이해하면서 우리가 연결이라고 부르는 신비로움에 이르는 단계이다. 두 번째 국면은 **해결 방법의 출현**이라고 부른다. 이 국면에서는 연결에서 비롯한 새로운 가능성과 창조적인 해결 방법이 나타난다. 우리는 이러한 과정을 모든 관점을 '초월하고 포함하는', 서로 대립하는 관점들의 변증법적 통합이라고 이해한다. 우리가 내재된 혹은 함축적인 구조라고 말할 때, 우리는 이 훈련에서 제공하는 각각의 지도와 프로세스에 공통된 것을 명명하려 애쓰고 있는 것이다.

연습

이 매뉴얼을 읽고 지도들을 연습하는 동안, 앞에서 언급한 두 가지 국면을 확인해 보기 바란다. 예컨대, 3장에서는 5단계 중재 모델이 소개된다. 이 지도의 처음 네 단계까지는 이해와 연결 국면에 해당하고, 다섯 번째 단계는 해결 방법이 출현하는 국면에 해당한다.

갈등 상황에서 자기 연결하기

통합적 틀에서 가장 기본이 되는 지도는 갈등을 경험할 때 자기 연결로 돌아가는 연습이다. 우리 뇌 깊숙한 부분이 자극을 받아 싸우거나/도망치거나/얼어붙는 생존 반응을 보일 때, 우리의 마음은 누가 옳고 누가 그른지, 누가 처벌을 받아야 하는지에 관한 생각들로 가득 차게 된다. 또한, 그와 비슷한 상황이 발생하면 그동안 살아오면서 만들어진 사고와 행동 패턴에 따라 반응하는 경향이 있다. 자극을 받았을 때에는, 실제로 언어와 소통 기술이 있다고 해도 그 상황에서는 적용하기가 매우 어려워진다.

그러나 우리가 자기 연결의 지도를 가지고 있고 특히 그것을 연습했을 때에는, 좀 더 효과적으로 대응하는 법을 배울 수 있다. 갈등의 한가운데에 있을 경우, 충족하기를 바라는 우리 욕구와 그 욕구를 충족하기 위한 방법을 의식하기 위해서 구체적으로 무언가를 할 수 있다. 전 세계의 지혜의 전통과 경험 연구들, 그리고 우리 자신의 경험을 바탕으로, 우리는 자기 연결 연습의 비언어적 요소(호흡, 몸)와 언어적 요소(욕구 의식)를 제시한다. 또한 감사 연습도 소개할 것이다. 자극을 받았을 때 우리 안에 있는 감사의 공간으로 접근할 수 있는 능력은 갈등에 효과적으로 대응하는 데 중요한 역할을 한다.

각자가 하루에 최소 5분씩 시간을 내어 자기 연결 연습(SCP, self-connection practice)을 할 것을 부탁한다. 하루 동안 되도록 자주 자기 연결을 연습하기 바란다.

자기 연결 연습을 위한 시간

- 연습할 시간을 따로 마련하기
- 활동이 바뀌는 시점에
- 활동의 중간 중간에
- 갈등의 강도(intensity)를 경험할 때

자기 연결 프로세스

1. 호흡 천천히 그리고 깊게 호흡을 한다.
2. 몸 몸의 감각을 알아차린다.
3. 욕구 내가 지금 어떤 욕구를 충족하기를 바라는지 스스로에게 물어본다.

자기 연결을 하기로 정해 놓은 연습 시간에 하는 강도 연습

갈등의 강도를 경험할 때에는, 호흡을 의식하고, 몸에서 경험하는 강도를 느끼고(그 감각에 머무르며 그 느낌에 대한 저항이 있다면 그대로 흘려보낸다), 그 강도와 관련된 욕구와 연결한다.

자신을 자극하는 어떤 것(trigger, 트리거)을 떠올린 뒤, 자기 연결 연습(SCP)을 한다. 반응이 줄어들거나 사라질 때까지 반복한다. 자극이 되는 상황이 일어날 때 "이것도 하나의 강도연습이구나."라고 말하면서 이 상황으로 강도 연습(IP, Intensity Practice)을 할 수 있다.

갈등 상황에서의 자기 연결 연습

자기 연결 연습에 자신이 생기면, 실제 갈등 상황에서 시도를 해 본다. 강렬한 감정을 느낄 때, 호흡을 알아차리고 몸에서 경험하는 강도를 느끼고(그 감각에 머무르며) 그 강도와 관련된 욕구와 연결한다.

"자극과 반응 사이에는 공간이 있다. 그 공간에는 우리의 반응을 선택할 힘이 있다. 그 반응에 우리의 성장과 자유가 달려 있다."

—빅터 프랭클(Viktor E. Frankl)

관찰/느낌/욕구/부탁으로 하는 감사 연습

1. **관찰** 고맙게 느꼈던 나 자신이나 다른 사람의 행동을 떠올린다.
2. **느낌** 그것을 떠올리는 지금 느낌이 어떠한가?
3. **욕구** 충족된 나의 욕구는 무엇이었는가? 그 욕구가 자신의 삶에서 충분히 충족되었을 때를 상상해 본다.
4. **부탁** 부탁이 있는가?

2인 1조 연습: 강도 연습, 1단계 A~C

단계 1A: 정서적 내용이 없는 강도

1. 파트너가 "물은 축축하다."와 같은 중립적 표현을 이용하여 낮은 강도(목소리 크기, 톤, 몸짓 등)로 시작한다. 그리고 차츰 강도를 높인다.
2. 반응이 일어나는 것을 처음 알아차렸을 때 파트너에게 바로 중단을 요청한다.
3. 자기 연결 연습(SCP)을 한다.(파트너 역시 자기 연결이 필요할 수 있다!)
4. 이 과정을 원하는 만큼 반복한다.

단계 1B: 정서적 내용이 포함된 강도

1. 나의 트리거를 파트너에게 말한다. 시작하기 전에 자기 연결을 할 필요가 있는지 스스로 체크한다.
2. 파트너가 나에게 트리거를 전달한다. 처음엔 낮은 강도로 시작하여 조금씩 강도를 올린다.

3. 반응이 일어나는 것을 처음 알아차렸을 때 바로 파트너에게 중단을 요청한다.

4. 자기 연결 연습(SCP)을 한다.

5. 이 과정을 원하는 만큼 반복한다.

단계 1C: '상대편'에게 할 대응을 의식하여 선택하기

1. 파트너가 나에게 트리거를 전달한다. 반응이 일어나는 것을 처음 알아차렸을 때 바로 멈춘다.

2. 자기 연결 연습(SCP)을 한다.

3. 지금 이 순간 자신의 욕구를 가장 잘 충족하리라 예상되는 것을 선택한다.

   a) 공감(침묵으로 혹은 소리 내어)

   b) 자기표현

4. 이 과정을 원하는 만큼 반복한다.

2인 1조 연습: 강도 연습, 1단계~3단계

1단계: 정서적 내용이 있는 강도

1. 나의 트리거를 파트너에게 말한다. 시작하기 전에 자기 연결을 할 필요가 있는지 스스로 체크한다. 때로는 상대편에게 무엇이 나의 트리거인지 말하는 것 자체가 트리거가 될 수 있다. 그 경우, 이미 연습이 시작된 것이니 바로 4번으로 가라.

2. 파트너가 나에게 트리거를 전달한다. 처음엔 낮은 강도로 시작하여 조금씩 강도를 올린다.

3. 어떤 반응이라도 일어나는 것을 느끼면 바로 파트너에게 중단을 요청한다.

4. 자기 연결 연습을 파트너도 알도록 소리 내어 한다.(파트너 역시 자기 연결이 필요할 수 있다!)

5. 이 과정을 원하는 만큼 반복한다.

2단계: '상대편'에게 반응하기

1. 파트너가 나에게 트리거를 전달한다. 어떤 반응이라도 일어나는 것을 느끼면 바로 파트너에게 중단을 요청한다.

2. 자기 연결 연습(SCP)을 한다.

3. 지금 이 순간 자신의 욕구를 가장 잘 충족하리라 예상되는 반응을 한 가지 선택한다.

   a) 파트너를 공감하기

   b) 파트너에게 자기표현하기

4. 파트너에게 자신이 선택한 것을 말한다.

5. 자신이 선택한 반응을 해 본다.(도움이 필요하다면 아래의 예를 참고한다.)

   상대 공감하기:

   - 너는 _____를 느끼니?

   - 왜냐하면 _____가 중요하기 때문에?

   자기표현:

   - 내가 _____를 봤을 때,

   - 난 _____를 느꼈어.

   - 왜냐하면 _____가(/를) 필요하기/중요하기(/원하기) 때문이야.

   - _____해 줄 수 있겠니?

     (연결 부탁 또는 행동 부탁)

   연결 부탁의 두 종류:

   - 들은 대로 말해 줄 수 있겠니?(반영)

   - 내 말을 듣고 너는 어때?(표현)

6. 처음부터 다시 반복한다.

3단계: 두 번째 트리거에 반응하기

1. 파트너가 나에게 트리거를 전달한다.

2. 어떤 반응이라도 일어나는 것을 느끼면 바로 파트너에게 중단을 요청한다.

3. 자기 연결 연습(SCP)을 한다.

4. 파트너를 공감할지 혹은 파트너에게 자기표현을 할지, 나의 대응을 선택한다.

5. 자신이 선택한 것을 파트너에게 말한다.(예. "저는 자기표현 하겠습니다.")

6. 자신이 선택한 것을 실행한다.

7. 파트너는 트리거가 되게 대응한다.

8. 트리거에 대한 몸의 반응이 약해질 때까지 2~7번을 반복한다. 나와 파트너 사이의 연결이 이루어지는 방식으로 상대편을 공감하거나 자기표현을 할 수 있다.

갈등 습관을 변화시키기

습관 변화를 연구하는 문헌에 따르면, 연구자들은 습관의 3가지 측면, 즉 신호, 반복된 행동, 보상을 이야기한다. 신호는 습관적으로 반복되는 행동을 시작하도록 촉발시키는 것이다. 보상은 본질적으로, 반복되는 심리 상태나 행동을 통해서 충족되는 욕구이다. 갈등과 관련하여 우리는 각자의 유전자와 삶의 경험과 문화에서 나온 마음, 감정, 행동의 특정한 갈등 습관 유형을 형성해 왔다. 이런 습관들은 또한 싸우거나/도망가거나/얼어붙는 생리학적 반응에 깊이 뿌리박혀 있다. 갈등 습관은 자극을 받으면 자동적으로 그리고 대체로 무의식적으로 진행된다. 연구에 따르면, 습관을 바꾸는 힘은 신호를 알아차려서 기존의 행동 습관을 새로운 것으로 바꾸는 데 달려 있다. 우리는 스트레스 받는 상황에 어떻게 반응할지 선택할 힘을 가지고 있고, 자신이 원하는 습관을 만들고 강화할 수 있다. 이 교육에서 우리는 갈등과 스트레스에 대응하게 해 줄 새로운 습관을 만드는 검증된 방법론을 제공한다. 이 기술들은 배울 수 있다. 꾸준히 연습만 한다면!

습관 변화와 관련된 영감을 주는 인용문

"뇌의 첫 번째 부분, 자궁에서 처음 나타나는 부분, 100만 년 전부터 있어 왔던 부분, 그것은 파충류의 뇌이다. 파충류의 뇌는 싸우거나 도망가기, 분노, 생존을 담당한다. 예전에는 우리에게 필요한 것이 그것뿐이었고, 심지어 지금도 어떤 응급 상황에서 파충류의 뇌는 여전히 역할을 담당하고 있다.

척수 끝 가까이에는 생존과 다른 야생 동물의 특성을 담당하는 뇌의 몇몇 작은 부분이 있다. 이들 모두를 기저핵이라고 부르며, 사람의 뇌에는 두 개의 아몬드 모양의 부분이 있다. 과학자들은 이것들을 편도체라고 부르는데, 이 작은 뇌는 화가 나거나 흥분하거나 배가 고프거나 복수하고 싶을 때 우위를 차지한다.

우리의 뇌가 고도의 생각, 관대함, 말, 의식, 예술이 가능하도록 진화한 것은 아주 최근의 일이다. 뇌의 그림을 보면 새로운 부분인 신피질을 볼 수 있다. 그것은 바깥쪽에 있는 주름진 회색 부분이다. 크지만 약하다. 편도체가 소리치며 저항할 때, 뇌의 나머지 부분은 무력해진다. 얼어붙고 굴복한다. 파충류의 뇌가 우위를 차지하여 자신을 보호하려 한다."

—세스 고딘(Seth Godin, 『린치핀*Linchpin*』)

선택을 알아차리기

"삶은 좋은 스승이기도 하고 좋은 친구이기도 하다. 우리가 그걸 깨달을 수만 있다면 모든 것은 변화의 과정 중에 있다. 모든 것은 우리가 꿈꾸는 방식대로 가지 않는다. 중심에서 벗어나 중간에 있는 상황은 이상적이다. 그 상황에서 우리는 얽매여 있지 않고 우리의 가슴과 마음을 열어 한계를 넘어설 수 있다. 그것은 매우 부드럽고, 공격적이지 않으며, 열려 있는 상황이다. 부서진 마음과 배고픔과 절망감과 복수하고 싶은 마음과 함께 머무는 것. 이 흔들림과 함께 머무는 것, 이것이 진정한 깨달음의 길이다. 불확실성을 붙잡고 혼돈의 한가운데에서 편안해지는 법을 알아 가고 공포에 빠지지 않는 법을 배워 가는 것, 그것이 바로 영적인 길이다. 자신을 점점 알아 가는 것, 자신을 온화하게 연민으로 알아 가는 것, 이것이 영적 전사의 길이다. 우리는 수억만 번 반복해서 우리 자신을 알아 간다. 우리가 좋아하건 그렇지 않건, 우리는 분노로, 쓰라림으로, 의분으로 단단해진다. 어쨌든 우리는 단단해진다. 안도감 속에서도, 영감 속에서도.

매일 우리는 세상 안의 공격성에 대해서 생각할 수 있다. 뉴욕, 로스앤젤레스, 핼리팩스, 대만, 베이루트, 쿠웨이트, 소말리아, 이라크, 모든 곳에서. 전 세계에서 모든 사람들은 항상 적과 싸우고 있고, 고통은 계속 늘고 있다. 매 순간 우리는 이것을 떠올리면서 우리 자신에게 묻는다. '나는 이 세상에 이러한 공격성을 더하고 있는가?' 매일 매 순간 모든 것이 마음처럼 잘 풀리지 않을 때 우리는 스스로에게 이렇게 물을 수 있다. '나는 평화를 실천할 것인가? 아니면 전쟁을 할 것인가?'"

—페마 초드론(Pema Chodron, 『모든 것이 산산이 무너질 때When Things Fall Apart』)

"행복의 비밀은 자유이다. 자유의 비밀은 용기이다."

—앨리스 헤르츠좀머(Alice Herz-Sommer, 2차 세계대전 강제수용소 생존자)

"나는 내가 결정 요소라는 놀라운 결론에 도달했다.
기후를 만드는 것은 나의 개인적 접근이고, 날씨를 만드는 것은 나의 매일의 기분이다.
나는 삶을 비참하게도 즐겁게도 만들 수 있는 엄청난 힘을 가지고 있다.
나는 고문의 도구가 될 수도 있고, 영감의 도구가 될 수도 있다.
나는 굴욕감을 주거나 웃게 만들 수 있고, 상처를 주거나 치유할 수도 있다.
어떤 상황에서든 위기가 커질지 아니면 줄어들지, 그리고 사람을 인간화시킬지 비인간화시킬지 결정하는 것은 나의 반응이다.
만약 우리가 사람들을 지금 모습으로 대한다면, 그들을 더 나쁘게 만드는 것이다.
만약 우리가 사람들을 앞으로 되어야 할 모습으로 대한다면, 그들이 될 수 있는 것이 되도록 도와줄 수 있다."

—요한 볼프강 폰 괴테(Johann Wolfgang von Goethe)

3

다른 사람들 사이의
갈등 대화 중재하기

의도와 목표

중재자가 갈등이 있는 사람들 사이의 대화를 중재할 때 중재자의 의도와 해결 목표를 구별하는 것이 아주 중요하다. 중재자의 첫 번째 의도는 우선 당사자들이 자기 자신과, 그리고 나서 상대편과 연결하는 것이다. 전형적으로, 이러한 연결을 통해 양측을 갈라놓았던 상처로부터 치유가 일어난다. 또한 문제 해결에서 협조적인 분위기가 형성되어 서로가 더 만족할 수 있는 해결 방법을 얻게 된다. 그리고 문제와 관련된 당사자 모두가 서로 동의하는 방식이기에 실행될 가능성도 한층 더 커진다. 이런 치유와 협력이 일어날 때 이를 환영하고 북돋우지만 그 자체가 중재의 의도는 아니다. 중재의 의도는 연결이고, 연결이 생겼을 때 이런 것들은 따라온다.

이런 점을 바탕으로 다른 사람들 사이의 갈등을 중재할 때의 3가지 목표를 설정했다.
1. 각 당사자가 자신의 욕구를 의식할 수 있도록 돕는다.
2. 각 당사자가 상대편의 경험과 욕구를 들을 수 있도록 돕는다.
3. 각 당사자가 자신의 욕구를 충족시키기 위해 무엇을 원하는지 스스로 명확하게 알 수 있도록 돕는다.

다른 사람들 사이의 갈등을 중재하려고 할 때 우리의 의도는 무엇인가? 만약 우리의 의도가 그들의 문제를 해결하고 해결책을 찾는 것이거나 그 상황을 '고치려고' 하는 것이라면, 그들이 서로 연결하여 새로운 가능성과 해결책을 찾는 데 방해가 될 수 있다.

사례: 중재자가 고치려는 의도를 가지고 있을 때

～～～～～～～～～

어머니: "우리 딸을 어떻게 해야 할지 모르겠어요. 숙제를 아예 안 해요."

중재자: "딸이 무슨 숙제를 해야 하는지 이야기하는 시간을 가졌나요?"

어머니: "음…… 네, 물론 함께 시간을 보내 봤죠!"

중재자: (딸에게) "숙제를 하는 데 어려운 점이 무언가요?"

딸: "숙제하고 싶지 않아요. 재미있는 걸 하고 싶어요."

중재자: "한 시간을 숙제 시간으로 정해 놓고, 나머지 저녁 시간을 재미있게 보내는 건 어때요?"

딸: "두 가지를 다 할 시간이 없어요."

중재자: "두 가지를 다 할 시간을 만들어 보려고 충분히 노력해 봤어요?"

딸: "헐~ 엄마처럼 말씀하시네요!"

사례: 중재자가 연결하려는 의도를 가지고 있을 때

～～～～～～～～～

어머니: "우리 딸을 어떻게 해야 할지 모르겠어요. 숙제를 아예 안 해요."

중재자: "아이의 미래가 걱정되는 마음에서 말씀하시는 건가요?"

어머니: "네, 정말 그래요."

중재자: "그러니까, 아이가 숙제하지 않는 것을 볼 때 걱정되기 시작한다는 말씀이세요?"

어머니: "네."

중재자: "딸이 행복하게 사는 데 도움이 되고 싶으세요?"

어머니: "네, 바로 그거예요. 딸이 어떻게 살아갈지 걱정돼요."

중재자: (딸에게) "제가 듣기로 어머니는 따님을 잘 돌보고 싶은 마음에 걱정이 되시는 거 같아요. 들은 대로 말해 주시겠어요?"

딸: "네, 엄마는 제가 숙제하기를 원하세요."

중재자: "들은 것을 말해 줘서 고마워요. 저는 또 어머니가 따님이 행복하길 바라셔서 걱정이 된다고 하신 걸 들었어요. 이 부분도 말해 주실 의향이 있나요?"

딸: "네, 네. 엄마에게는 제가 중요하고, 제가 숙제를 하지 않으면 걱정이 되신대요."

중재자: "들은 것을 기꺼이 말해 줘서 고마워요. 이제 어머니께 드리고 싶은 말이 있으세요?"

딸: "학교 가고, 운동하고, 다른 활동들 하느라 너무 바빠서 나가 놀 시간이 부족해요."

중재자: "그러니까, 쉴 수 있는 여유 시간이 필요하다는 말인
　　　　가요?"

딸:　　 "네! 바로 그거예요."

중재자: "저는, 따님이 쉴 수 있는 여유 시간이 필요하다고 들
　　　　었어요. 따님 말을 들었다는 표현으로 들은 것을 다
　　　　시 한 번 말씀해 주시겠어요?"

어머니: "그래요, 딸이 쉴 수 있는 여유 시간이 필요하다고
　　　　하네요."

여기에서 중재자는 연결이 점점 더 이루어지리라는 희망을
가지고 각각에게 이야기를 한다. 중재자는 서로가 듣고 이해
하는 데 도움을 주기 위해 딸과 어머니에게 상대편의 말을
반영해 달라고 부탁한다.

5단계 중재 모델
5-Step Mediation Model

5단계 중재 모델(MM, mediation model)은 각 당사자가 만족할 만큼 각자의 이야기가 상대편에게 경청되도록 돕는다. 그 결과 당사자들 사이에 연결이 이루어지고, 그 상태에서 모두가 만족할 수 있는 해결책을 찾을 가능성이 커진다. NVC는 이러한 연결을 만들 수 있는 학습 가능한 기술과 의식을 제공한다.

두 국면

1. 이해와 연결 국면: 각 당사자가 자신의 욕구와 연결되고 상대방의 욕구를 들을 수 있도록 지원하기(1~4단계)
2. 해결 방법의 출현 국면: 해결 부탁과 합의가 나오도록 지원하기(5단계)

다섯 단계

1. A를 공감하고, A의 욕구가 드러나도록 한다.
2. B에게 A의 욕구를 반영해서 말하도록 부탁한다.
3. B를 공감하고, B의 욕구가 드러나도록 한다.

4. A에게 B의 욕구를 반영해서 말하도록 부탁한다.

5. 해결 부탁과 합의

9가지 중재 기술

1. **공감** 중재자는 각 분쟁 당사자의 말을 경청할 때 어떤 순간이든 존재로 있기, 침묵 공감, 이해, 욕구 언어(관찰/느낌/욕구/부탁(OFNR)) 중에서 선택할 수 있다.

2. **연결 부탁** 중재자는 각 당사자에게, 각자가 듣고 이해한 것과 상대편의 욕구를 반영하거나 다시 말해 달라고 부탁한다. 중재자는 상대편이 반영하는 것을 들었을 때 어땠는지, 혹은 상대편의 말을 반영할 때의 느낌이 어떤지 물어본다.

3. **귀 잡아당기기** 각자가 이해한 것과 상대편의 욕구를 반영해 달라고 부탁했는데도 반영하지 않는 사람이 있으면, 중재자는 다시 한 번 반영해 달라고 부탁한다.

4. **응급 공감** 중재자가 보기에 한쪽이 상대편을 공감하기에는 너무 큰 감정적 반응을 보일 경우, 중재자가 그 사람에게 공감을 한다.

5. **추적하기** 중재자는 프로세스 전체의 흐름을 파악한다. 특히 이미 표현되었는데도 아직 반영되거나 언급되지 않은 욕구들을 추적한다.

6. **끼어들기** 중재자는 연결하거나 도움을 주기 위해 당사자의 발언 도중에 그리고 프로세스 전반에 끼어든다.

7. **자기 공감** 중재하는 동안, 중재자는 즉석 자기 연결 연습(SCP)과는 별도로 자기 공감을 위해 관찰/느낌/욕구/부탁을 사용할 수 있다.

8. **자기표현** 중재 프로세스 중에 분쟁 당사자의 욕구를 충

족하는 데 기여하기 위해서 중재자 자신의 욕구와 부탁을 표현할 수도 있다.

9. **해결 부탁** 중재자는 각 당사자가 자신의 욕구와 연결된 분명하고 구체적인 부탁을 하도록 돕는다. 이때 중재자는 강요가 아닌 부탁이 되도록 하고, 모두의 욕구가 충족되도록 돕는다.(상호 의존)

부탁 국면에서 'NO 뒤의 욕구'(NBN) 프로세스

1. 부탁 뒤에 있는 욕구와 공감으로 연결
2. NO 뒤에 있는 욕구와 공감으로 연결
3. 양쪽의 욕구를 조화롭게 충족할 수 있는 부탁을 찾는다.

부탁 국면에서 세 종류의 합의

1. 주 합의
2. 보조 합의
3. 개선 합의

중재할 때 어려움/도전의 정도에 따라 사용할 수 있는 기술의 예를 아래의 표에 제시했다.

중재 상황에서의 도전	사용 가능한 기술들
일어나고 있는 일에 대해 해석으로 반응할 때 중재자 자신과 다시 연결하기	자기 공감
다른 사람과 공감적으로 연결하기	공감
갈등 대화를 하는 사람이 두 명 이상일 때 공감으로 연결하기	공감
반영을 요청하기: 듣고 있는 사람에게 방금 상대방이 말한 것을 들은 대로 반영해 달라고 요청	연결 부탁
반영 요청을 했는데 한쪽이 반영 아닌 것을 했을 때	연결 부탁, 귀 잡아당기기, 응급 공감, 공감, 자기표현
중재자 또는 A가 말하는 도중에 B가 말하기 시작할 때	끼어들기, 자기표현, 공감, 추적하기
강도(intensity) 다루기: • 내용—중재자 개인의 인생 경험으로 인해 어떤 특정한 주제가 트리거가 되고 있을 때 • 정도—정서적 강도, 큰 소리, 몸동작	자기 공감, 자기표현, 끼어들기, 공감
실행 가능한, 현재 시제의 행동 언어로 합의를 이루도록 지원	해결 부탁, 자기표현, 공감, 그 밖의 기술들
처음 합의가 지켜질 수 있도록, 혹은 지켜지지 않을 경우에는 어떻게 할지에 관한 합의에 이르도록 지원	해결 부탁, 자기표현, 공감, 그 밖의 기술들

9가지 중재 기술

 공감

공감은 말로 표현할 수도 있고 침묵 속에서도 일어난다. 공감을 할 때 우리는 자신과 상대편에게 현존하기 위해 노력한다. 그 순간의 상대방의 느낌과 욕구에 연결하고 자신의 이해를 표현한다. 이런 방식으로 상대편의 말을 온전히 듣고 상대편이 충분히 이해받았다는 느낌이 들게 한다. 공감을 받으면 사람들은 대개 자기 자신뿐 아니라 다른 사람과도 다시 연결된다. 또한 일반적으로 그 상황에서 상대방의 욕구가 무엇인지, 그 욕구를 충족하기 위해 원하는 것이 무엇인지, 무엇이 갈등을 일으키게 했는지 이해하는 데에도 도움을 준다.

공감의 4요소

1. **현존** 주의를 온전히 상대편에게 둔다. 생각을 내려놓고, 고요한 상태에서 마음으로 듣는다.
2. **침묵 공감** 이해와 욕구 언어를 침묵으로 생각한다.
3. **이해와 의미** 상대방의 현실과 경험이 들려졌다고 느낄 수 있는 방식으로 우리가 들은 것을 다시 말해 준다.
4. **욕구 언어(관찰/느낌/욕구/부탁)** 관찰, 생각, 느낌, 원하는 것을 욕구와 연결한다. 욕구를 음

미하거나 욕구에 깊이 연결하고, 부탁을 듣는다.

현존

공감에서 이 요소는 생각을 초월한 의식적인 알아차림이다. 이는 무조건적인 존중으로 가슴으로 듣는 것이다. 현존할 때 우리는 주의를 집중해 상대방을 보고, 우리가 그들로부터 받고 있는 것을 부드럽게 알아차린다. 그들이 말하는 것을 이해하려는 시도나 생각을 내려놓는다.

침묵 공감

말하는 사람에게 무슨 일이 일어나고 있는지, 그에게는 무엇이 중요한지, 들은 것을 생각하며 그 사람과 침묵으로 함께 있는다. 그리고 말하는 사람의 느낌과 욕구를 침묵으로 추측한다.

이해와 의미

공감에서 이 요소는 상대편이 듣고 싶어 하는 방식으로, 그들에게는 진실이고 현실인 것을 우리가 들은 대로 반영하는 것이다. 상대방에게 공명하는 언어로, 그들이 있는 곳에서 반영하려고 시도한다. 그들이 말하는 것에 동의한다는 뜻은 아니다. 그 사람의 주관적인 참조의 틀을 이해하고 수용한다는 것을 나타낸다. 그 사람의 관찰, 느낌, 그리고 그가 원하는 것을 반영한다. 때로는 그들의 생각도 반영하는데, 그럴 때에는 상황에 대한 그들의 생각을 관찰의 형태로 반영한다. 우리는 그들 내면의 주관적 참조의 틀에 초점을 계속 맞춘다.

욕구 언어(관찰/느낌/욕구/부탁, OFNR)

이 요소는 상대방이 말할 때 그 사람 안의 생동하는 욕구를 주의 깊게 듣고 말로 반영하는 것이다. 그리고 그 사람의 관찰, 생각, 느낌, 구체적인 바람을 욕구와 연결하는 것이다. 이는 상대편이 이미 표현한 것에서 우리가 들은 느낌과 욕구를 반영해 주는 것일 수도 있다. 아니면 그들의 생각과 느낌을 추측하고 번역하는 것일 수도 있다. 우리가 상대방의 욕구에 연결되고 나면, 우리는 잠깐 멈추어서 그 사람과 함께 그 욕구를 음미하고, 그 욕구에 좀 더 머물러 있기를 원할 수도 있다. 이 과정은 침묵으로 할 수도 있고, 언어로 반영을 해 줄 수도 있다. 반영을 할 때에는 그 사람에게 가장 강하고 깊게 공명하는 언어에 초점을 두거나, 약간 다른 측면에 초점을 둔다.

이것은 보다 깊은 자기 연결이 되도록 공간을 만들어 준다. 욕구와 연결되고 난 후, 우리는 상대편이 스스로에게 하는 부탁 혹은 다른 사람에게 하는 부탁이 있는지 들을 수 있다.

공감의 주요 원칙

- **현재의 힘** 상대방이 과거나 미래에 대해서 말할 때, 그 사람이 말하고 있는 그 순간에 그들의 내면에서 일어나고 있는 일에 주의를 기울일 수 있다면 강력하다. 그들은 생각의 결과를 말하고 경험하고 있는 것이기 때문이다. "그러니까, 그 생각을 할 때 _____라고 느끼나요? (왜냐하면 _____이 필요하기 때문인가요?)"의 방식으로 말할 수 있다.

- **공감하기 vs. 표현하기** 공감을 하는 것은 말하는 사람과 관계가 있지, 우리에 관한 것이 아니다. 상대방이 말하고 있는 지금 이 순간, 내 안에서 무엇이 일어나고 있는지에 초점을 두기보다는 상대편에게 무엇이 일어나고 있는지, 그들 안에서 '생동'하는 것은 무엇인지에 대해서 주의를 기울인다. 그 주의를 유지하면서, 말하는 사람과 우리 사이에 연결을 만들기 위해서 공감을 할지 자기표현을 할지를 분명히 한다.

- **따라가기 vs. 이끌기** 우리에게 중요하다고 생각되는 방향으로 대화를 이끌기보다 상대방에게 무슨 일이 일어나고 있는지, 그가 하는 말을 따라간다.

- **결과보다 연결이 먼저** 상대방에게 생동하는 것이 무엇인지 이해하고 연결할 때 공감이 일어난다. 상대편의 기분이 더 나아지게 돕거나 그 사람을 위해 무언가 바꾸려는 것이 아니다.

- **상대방의 경험에 온전히 함께하기** 우리의 생각을 강요하면서 이끌기보다 상대방이 드러내는 것을 따라간다.

- **공감적 추측** 대부분의 사람들은 자신이 어떻게 느끼는지에 대해 듣는 것을 좋아하지 않는다는 것을 우리는 알게 되었다. 그래서 우리는 상대방이 어떤 경험을 하는지에 대해 추측한다. 그들이 경험하는 것에 대한 우리의 생각을 말하는 것이 아니다. 우리는 이해하고 싶기 때문에 추측한다.

그리고 나서 상대방의 반응을 통해 우리의 추측이 정확했는지 살펴보고, 그 관찰을 바탕으로 다음 소통 방식을 선택한다. 공감적 추측이란 말 그대로 추측이다. 추측하는 것은 현존하는 데, 말하는 사람이 지금 경험하고 있는 것을 따라가는 데 도움이 된다. 우리의 추측이 정확한지 걱정하는 것은 또 다른 추측이나 반영을 하는 데 방해가 될 뿐이다.

- **자세한 내용은 필요하지 않다** 상대방의 공감에 대한 욕구를 충족시키기 위해서 우리의 이해에 대한 욕구가 반드시 충족되어야 하는 것은 아니다. 우리는 상대편의 이야기를 전부 이해하지 않고서도 그 사람의 현재 경험과 욕구를 추측할 수 있다. 사실 상대방의 자세한 과거 이야기에 집중하면 지금 이 순간 상대방의 느낌, 욕구, 원하는 것을 놓칠지도 모른다.

- **공감은 선택이다** 대화를 하는 동안 상대방을 공감하고 싶지 않을 때도 있다. 자기 공감에 주의를 두고 싶거나 상대방에게 자기표현을 하고 싶을 수도 있다. 공감은 나의 욕구와 상대편의 욕구를 충족시키기 위한 수단/방법 중 하나이다. 어느 순간에라도 선택할 수 있는 많은 수단/방법 중 하나이다.

- **공감은 연습이 필요하다** 대부분의 사람들은 어릴 적에 상대방의 경험과 함께 현재에 머무르고 그것을 이해하는 방법을 배우지 못했다. 우리 대부분은 상대방의 관찰, 느낌, 욕구, 원하는 것을 추측하는 특별한 방식의 언어를 사용하는 데 익숙하지 않다. 하지만 공감은 배울 수 있는 기술이다. 우리는 공감을 연습할 수 있고, 공감에 더 능숙해질 수 있다.

- **공감이 아닌 것들** 동감하기, '고치려는' 조언 하기, 안심시키기, 설명하기, 교육하기, 바로잡기, 한술 더 뜨기, 다른 이야기 꺼내기, 추궁하기, 말을 끊기

공감에 관해 영감을 주는 글

존재로 있기로서의 공감

중국의 철학자 장자는 진정한 공감이란 존재 전체로 듣는 것이라고 했다. 귀로만 듣는 것도 하나의 방법이고, 이해하면서 듣는 것은 또 다른 방법이다. 하지만 혼신으로 듣는다는 것은 귀로 듣거나 머리로 듣는 우리의 어느 한 능력에 제한되지 않는다. 그렇게 듣기 위해서는 우리의 모든 능력을 내려놓아야 한다. 그리고 그 능력들이 비워졌을 때에야 비로소 존재 전체로 들을 수 있다. 그러고 나면 이전에는 귀로 듣거나 머리로 이해할 수 없었던 것의 존재를 직접 파악할 수 있게 된다.

—마셜 로젠버그, 『비폭력대화: 삶의 언어』에서

공감적 경청

'먼저 이해하려고 노력하라'는 매우 깊은 수준의 패러다임의 전환을 필요로 한다. 우리는 보통 남에게 먼저 이해받고 싶어 한다. 대부분의 사람들은 이해하려는 의도를 가지고 듣는 게 아니라 대답하려는 의도를 가지고 듣는다. 사람들은 말을 하고 있거나, 말할 준비를 하고 있다. 그들은 자신들이 가진 패러다임으로 모든 것을 거르고, 자신의 삶에 비추어 다른 사람의 인생을 해석한다. …… 내가 공감적 경청이라고 말할 때 그 의미는 이해하려는 의도를 가지고 경청하는 것이다. 내가 먼저 상대방을 이해하는 것, 즉 진정한 이해를 추구하는 것이다. 이는 완전히 다른 패러다임이다. 공감적 경청을 할 때 우리는 귀로 말을 들을 뿐 아니라 더욱 중요한 눈과 가슴으로도 듣는다. 이때 우리는 감정과 의미, 행동까지도 경청한다. 우리는 좌뇌뿐 아니라 우뇌도 사용하고, 감각, 직관, 느낌도 사용한다.

공감적 경청은 막강한 힘을 가지고 있는데, 이는 우리에게 정확한 데이터를 제공해 주기 때문이다. 공감적 경청은 자기 자신의 경험을 투사하고 자기 생각, 느낌, 동기, 해석 등을 말하는 것이 아니라 상대방의 머리와 가슴속에 어떤 실체가 들어 있는지 이해하는 것이다. 우리는 이해하기 위해 듣고 있다. 우리는 다른 인간의 영혼과 깊이 있게 소통하는 데 초점을 둔다.

—스티븐 코비, 『성공하는 사람들의 일곱 가지 습관』에서

여러분은 자신의 듣는 방식에 대해 검토해 본 적이 있으십니까? 무엇을 듣는가는 중요하지 않습니

다. 그것이 새소리이건, 나뭇잎 사이의 바람이건, 급히 굽이쳐 흘러가는 물이건, 혹은 여러분 자신과의 대화이건, 당신의 아주 친한 친구, 아내 혹은 남편 등 다양한 관계 속에서 이루어지는 대화이건 당신의 듣는 방식을 검토해 본 적이 있으신가요. 만일 우리가 듣기를 시도한다면, 이것이 극도로 어렵다는 것을 알게 될 것입니다. 왜냐하면 우리는 언제나 자신의 의견, 아이디어, 선입견, 배경, 자신의 성향, 우리가 가진 충동을 투사하고 있기 때문입니다. 이러한 것들이 우리를 지배하고 있을 때 우리는 상대방이 하는 이야기를 실제로는 거의 들을 수가 없습니다. 이러한 상태에 있을 때 대화는 전혀 가치가 없습니다. 우리는 들을 때 배울 수 있습니다. 오직 집중의 상태에서, 침묵의 상태에서, 이러한 상태에서 이 모든 배경들은 멈추고, 고요해집니다. 그러고 나서야 나에게는 소통이 가능해 보입니다.

…… 진정한 소통은 이러한 침묵이 있는 곳에서만 일어날 수 있습니다.　　　　　—크리슈나무르티

서핑 해 본 적 있으세요? 지금 보드를 타고 나가서 큰 파도가 오기를 기다리고 있다고 상상해 보십시오. 자, 그 에너지에 휩쓸려 갈 준비를 하세요. 자, 여기 옵니다! 지금 그 에너지와 함께하고 있습니까? 그것이 공감입니다. 말이 필요 없고, 그냥 그 에너지와 함께하는 것입니다. 다른 사람 안에 생동하고 있는 것과 연결할 때 나는 서핑 하는 것 같은 느낌이 듭니다.

공감을 하기 위해 과거에서는 아무것도 가져올 수 없습니다. 심리학을 많이 공부할수록 공감하기는 더 힘들 겁니다. 상대방을 잘 알수록 공감하기가 더 힘들 겁니다. 진단이나 과거의 경험들은 당신을 서핑 보드에서 당장에 떨어뜨릴 겁니다. 과거를 부정하는 것이 아닙니다. 과거의 경험들이 이 순간에 느낌을 일으킬 수 있습니다. 그러나 당신은 지금 과거 일에 초점을 두고 있습니까? 아니면 그 사람이 지금 이 순간에 무엇을 느끼고 원하는지에 초점을 두고 있습니까?

그 사람을 더 기분 좋게 해 주기 위해 '무슨 말을 해야 할까' 하고 미리 생각하고 있다면, "첨벙(Boom)!", 보드에서 떨어집니다. 당신은 미래로 가 버렸으니까요. 공감은 지금 여기에 있는 에너지와 같이 있을 것을 요구합니다. 아무 기술도 쓰지 않으면서 그냥 현재에 있는 것입니다. 진정으로 이 에너지와 연결되어 있을 때 마치 나는 거기에 없는 것과 같습니다. 나는 이것을 '마술 쇼'를 보는 것 같다고 말합니다. 이때 아주 귀중한 에너지가 우리를 통해서 흐르고, 그 에너지에는 모든 것을 치유할 수 있는 힘이 있습니다. 무엇이든 '고치려' 하는 습관에서 나를 해방시킵니다.

—마셜 로젠버그, 「삶의 에너지를 서핑 하기 그리고 마술 쇼 지켜보기 *Surfing Life Energy and Watching the Magic Show*」

공감의 예와 연습

공감 프로세스는 대부분이 자기가 들은 것을 말하는 것으로 구성되는 것처럼 보일 수 있다. 자신이 들은 욕구와 이해를 반영한다.

공감의 예

집에 돌아온 박철순은 아내인 김소영이 연로하신 어머니 문제로 언니와 대화를 한 후 화가 나 있다는 것을 알게 된다. 언니와 김소영 사이의 여느 대화처럼 이번에도 양쪽 다 화를 내는 것으로 대화가 끝이 났다. 아내가 박철순에게 무슨 일이 있었는지 말할 때 박철순이 아내를 공감한다.

김소영: 내가 어머니를 위해서 우리가 뭘 해야 될지 말할 때마다 언니는 끼어들어. 내 말은 듣지도 않고, 너무 화가 나.

박철순: 그러니까 언니가 끼어들 때 화가 나는데, 왜냐하면 당신 말을 들어 주기를 바라기 때문이야?

김소영: 맞아! 진짜 어릴 때랑 똑같아. 나이가 많다고 항상 자기 식대로 했지. 내 생각 따윈 전혀 중요하지 않아. 지금도 달라진 게 없어.

박철순: 언니가 끼어들 때, 어릴 때가 생각나고, 정말로 당신 생각을 들어 줬으면 하는구나? 그래?

김소영: 내 말을 들어 줬으면 좋겠어. 내 생각도 괜찮다는 걸 알아줬으면 좋겠어. 어떤 때는 내 생각이 더 낫다고!

박철순: 그러니까 당신 말을 들어 주고 당신 생각도 괜찮다는 것을 알아줬으면 좋겠어? 당신이 뭔가 기여하기를 원해?

김소영: 당연하지. 내 말을 중요하게 여겼으면 좋겠어.

공감 아닌 반응의 예

공감이 무엇인지 이해하려면 공감이 아닌 것을 보는 게 도움이 된다. 박철순과 김소영 사이에 같은 상황의 대화이다. 하지만 이번에는 공감이 아닌 방식으로 박철순이 반응한다.

박철순: 이해해. 말할 때 누가 끼어들면 나도 화나.

박철순: 듣는 나도 다 화가 나네.

박철순: 처형이 그런 식으로 말하게 내버려 두지 말았어야 해.

박철순: 내가 당신을 만났을 때부터 처형은 쭉 그래 왔어. 당신은 언제쯤이면 자기주장을 할 수 있겠어?

박철순: 뭐, 걱정하지 마. 당신이 말하는 것들이 나한테는 중요해.

박철순: 처형에게 연민을 좀 더 가져 봐. 형님이 너무 말이 많잖아. 처형은 아마 말할 틈도 없을걸.

연습

박철순이 공감이 아닌 방식으로 반응한 앞의 사례 각각에 어떤 이름을 붙이겠는가? 그것은 동감하기인가? 조언하기인가? 안심시키기인가?

알아차리기 연습: 공감

나 자신이나 다른 사람들이 하는 것 중에서 공감이 아닌 것을 알아차리고 이름을 붙인다. 일상생활 중에 공감할 상황에서 스스로 또는 다른 사람이 공감 아닌 반응을 보일 때 하는 말을 받아 적는다. 나중에 적은 것을 살펴보고 각각에 동감하기, 조언하기, 안심시키기 등의 이름을 붙인다. 나 자신이나 다른 사람들이 공감 아닌 반응을 하는 것을 알아차리는 그 순간에 머릿속으로 이름을 붙일 수 있을 때까지 계속한다. 이와 같은 알아차림이 배움과 변화로 향하는 첫 번째 단계이다. 그에 대해 여러분이 어떻게 하느냐가 이 집중 교육의 주제이다.

M · E · M · O

2인 1조 연습: 공감 6분 연습

파트너를 찾는다. 누가 말할 사람(A)과 공감할 사람(B)을 할지 정한다.

1. 총 6분간 A가 지금 자신에게 생동하는 것과 의미 있는 것을 말한다.
2. 처음 1분간, B는 온전히 현존한다.
3. 그다음 1분간, B는 A의 이해와 OFNR을 추측하면서 침묵 공감을 연습한다.
4. 그다음 2분간, B는 때때로 A가 말한 내용을 반영하면서, 이해와 의미를 말하는 연습을 한다.
5. 그다음 2분간, B는 A가 말한 것을 욕구 언어로 반영하고 욕구와 깊이 연결하는 것을 연습한다.
6. 연습을 멈춘 후 경험을 성찰하고 피드백을 나눈다.
7. 역할을 바꾸어 앞의 단계들을 반복한다.

3인 1조 연습: 공감

파트너를 두 사람 찾는다. 분쟁 당사자 A와 B의 역할을 정하고, 중재자를 정한다. 역할극을 할 시나리오를 선택한다.

1. 중재자는 A에게 B가 알아주었으면 하는 것이 무엇인지 물어본다.
2. A가 말하는 동안 중재자는 현존과 침묵 공감을 번갈아 가며 연습한다.
3. A가 말하기를 자연스럽게 멈추면 중재자는 자신이 들은 것에 대한 이해와 의미를 반영한다.
4. 중재자는 계속해서 듣고 때때로 A가 말한 것을 욕구 언어(OFNR)로 반영하고 욕구와 깊이 연결한다.
5. A가 이해받았다고 느끼면 중재자는 B와 1~4단계를 반복한다.
6. 연습을 멈춘 후 경험을 되짚어 보고 피드백을 나눈다.
7. 다음 사람이 중재자 역할을 하도록 의자를 돌아가며 앉고 역할을 바꿔서 1~6단계를 반복한다.
8. 마지막 사람이 중재자를 연습할 수 있도록 한 번 더 의자를 돌아가며 앉는다.
9. 1~6단계를 반복한다.

중재 기술 2 연결 부탁

이 기술은 사람들이 서로 공감하도록 돕고, 서로가 상대편의 경험과 욕구를 듣고 이해하는 데 사용된다. 일반적인 연결 부탁은 B에게 A한테서 들은 욕구를 반영해 달라고 요청하는 것이다. 아직 중재의 시작 단계에 있거나 누군가가 반영하는 데 어려움을 겪고 있으면, 중재자가 A에게서 들은 욕구를 먼저 반영해 모델이 되어 주고, B에게 같은 방식으로 A가 표현한 욕구를 반영해 줄 수 있는지 물어볼 수 있다. 만약 B가 A의 욕구에 대한 언급 없이 반영했다면, 중재자가 빠진 욕구를 다시 언급하여 B에게 그 욕구도 반영해 줄 수 있는지 물어본다. 중재자는 A와 B에게 서로의 느낌이 제대로 반영되었는지 확인할 수 있다.

다른 방식의 연결 부탁은 A와 B에게 상대방의 말을 듣고 나서 어떤 느낌인지 물어보는 것이다.

연결 부탁의 예

수지가 상철과 강훈을 중재한다. 이들은 오랜 친구 사이로 10년 전 함께 구입한 호수 주변의 오두막집 때문에 갈등을 겪고 있다.

수지: 상철 씨, 오두막집에 대해 무슨 얘기를 하고 싶으세요?

상철: 음, 저는 오두막집을 팔아야 한다고 생각하는데, 강훈이는 가능하다면 계속 가지고 있고 싶어 해요. 지금 오두막집과 부동산 가치가 떨어지고 있고, 집을 유지하기 위해 해야 하는 일이 너무 많아요. 그럴 가치가 있을 정도로 자주 사용하지도 않고요.

수지: 상철 씨는 오두막집을 팔기를 원하는데, 왜냐하면 가치가 떨어지고 있고 수고가 많이 들기 때문이라고 들었어요. 그게 맞나요?

상철: 맞아요. 저도 거기 가는 걸 좋아하지만 오두막집을 잘 관리할 시간이 없어요. 그리고 강훈이는 오두막집을 사용하는 건 좋아하는데 집을 관리하는 일에는 전혀 관심이 없어요. 팔면 돈이 생기죠. 지금은 부동산 가치가 있지만 아마도 점점 가치가 떨어질 거라고요.

수지: 그러니까 오두막집을 관리하는 데 협력해 주기를 바라고, 오두막집을 팔았을 때 얻게 되는 경제적 안정을 원하시는 걸로 들리는데요?

상철: 네. 강훈이도 오두막집을 사용하지만 수리하고 보수하는 일은 항상 저만 한다고요. 좀 도와줬다면 좋았겠지만 이제는 기대하지도 않아요.

수지: 제가 제대로 들었는지 확인해 볼게요. 상철 씨는 그동안 기여하셨다는 걸 알아주기를 바라나요? 그리고 오두막집을 관리하는 데 도움을 원하고 경제적 안정이 중요하신가요?

상철: 맞아요.

수지: (강훈 쪽으로 몸을 돌려서) "강훈 씨, 저는 상철 씨께서 기여, 오두막집을 관리하는 것에 대한 도움, 그리고 경제적 안정이 필요하시다고 들었어요. 상철 씨가 하신 말씀을 들은 대로 다시 말해 주시겠어요?

강훈: 네, 좋아요. 저는 상철이가 오두막집 관리하는 것을 돕고, 협력하기를 바라고, 재정 상황이 걱정된다고 들었어요.

수지: 네, 말씀해 주셔서 감사합니다.

수지: (다시 상철을 향해서) "상철 씨, 이 이야기를 들으니까 어떠신가요?

상철: 괜찮아요.

수지: 강훈 씨는 어떤 얘기를 하고 싶으세요?

강훈: 가치가 떨어지는 걸 걱정하는 것은 알겠어요. 하지만 저는 오두막집을 팔고 싶지 않아요. 그 집에 대한 좋은 추억이 얼마나 많은데요. 상철이와 저희 가족은 매년 여름마다 거기에 함께 갔어요. 우리 아이들은 거기서 함께 자랐어요. 저는 그곳을 우리 아이들에게 물려줘서 언젠가 그 아이들이 자기 자식들을 데리고 갈 수 있기를 정말로 원해요.

수지: 그러니까 강훈 씨는 오두막집에 대한 좋은 추억이 많이 있고, 자녀들에게 물려주는 것으로 기여하기를

원하시나요?

강훈: 그래요. 그곳은 우리가 좋은 시간을 보냈던 곳이에요. 두 가족이 모이기도 하고, 자기 가족끼리 지내기도 하고, 우리 둘이서 함께하기도 했어요. 제 말은 상철이는 제 가족이나 다름없다는 거예요. 오두막집을 포기하는 것은 그것을 포기하는 것과도 같아요.

수지: 강훈 씨에게는 기쁜 일을 축하하는 공간이 필요하고, 가족이나 친구와의 친밀함이 중요한가요? 그리고 오두막집을 통해서 이 모든 것이 가능하다는 말씀이신가요?

강훈: 그럼요. 매년 우리 모두가 얼마나 기대하는데요.

수지: (상철에게) "상철 씨, 저는 강훈 씨에게 오두막집은 친밀함, 가족이나 친구들과 함께 축하하는 것을 의미하고, 또 좋은 추억이 있는 곳을 물려줘서 아이들에게 기여하기를 원한다고 들었어요. 들은 것을 강훈 씨에게 다시 말씀해 주시겠어요?

상철: 네. 강훈이는 거기에서 우리 모두와 함께했던 많은 좋은 기억들이 있고, 가족들과 친밀함을 느끼고 싶어 하고, 그곳을 아이들에게 물려줘서 거기에 가는 전통을 이어 가고 싶어 해요.

수지: 상철 씨, 지금 이렇게 강훈 씨의 욕구를 반영하고 나서 느낌이 어떤지 궁금해요.

상철: 글쎄요, 우리가 그곳에서 좋은 시간을 정말 많이 가졌다는 걸 알겠어요. 강훈이가 왜 그 오두막을 놓지 못하는지 알 수 있을 것 같네요.

전형적인 연결 부탁

"상철 씨, 저는 강훈 씨가 x를 원한다고 들었어요. 강훈 씨가 x를 원한다고 한 것을 들으신 대로 말해 주시겠어요?"

"상철 씨, 저는 강훈 씨가 x가 필요하다고 들었어요. x가 필요하다는 강훈 씨의 말을 그에게 들은 대로 말씀해 주시겠어요?"

"강훈 씨, 상철 씨의 말을 듣고 어떠세요?"(상철이 강훈의 욕구를 반영한 후)

"강훈 씨, 듣고 어떠셨어요?" (상철이 강훈의 욕구를 반영한 후)

"상철 씨, 강훈 씨의 욕구를 반영하고 나니 느낌이 어떠세요?"(상철이 강훈의 욕구를 반영한 후)

"강훈 씨, 상철 씨가 당신의 말을 제대로 들었다고 보세요?"

3인 1조 연습: 연결 부탁

파트너를 두 사람 찾는다. A와 B의 역할을 정하고, 중재자를 정한다. 역할극을 할 시나리오를 선택한다.

1. A가 먼저 상대가 알아주기 바라는 것을 한두 문장으로 말하면서 시작한다.

2. 중재자가 A의 말을 욕구로 번역한다. A가 자신이 말하려던 욕구와 중재자가 말하는 욕구가 같다고 동의할 때까지 번역한다.

3. 중재자가 B에게 "저는 A가 x를 필요로 한다고 들었어요. A한테서 들은 것을 다시 말씀해 주시겠어요?"라고 말한다.

4. B가 A의 욕구를 반영한 후, 중재자는 다시 A를 향해서 "그 이야기를 듣고 어떤 느낌이 드나요?"라고 묻는다. 다시 B를 향해서 "반영하고 나니 어떤 느낌이 드나요?"라고 묻는다.

5. A와 B가 각각 대답한다.

6. 중재자가 B와 함께 1~5단계를 반복한다.

7. 연습을 멈춘 후 경험을 되짚어 보고 피드백을 나눈다.

8. 역할을 바꾸어 다음 사람이 중재자가 된다. 1~6단계를 반복한다.

9. 모두가 중재자 연습을 할 수 있도록 한 번 더 역할을 바꾼다. 1~6단계를 반복한다.

중재기술 3 귀 잡아당기기

'귀 잡아당기기'는 갈등 속에 있는 사람들이 중재자의 부탁을 이해하지 못한 것처럼 보일 때 상대방의 경험을 듣고 이해한 것을 표현하는 데 도움을 주기 위해 사용한다. 예를 들자면, B에게 A의 욕구를 반영해 달라고 요청했는데 B가 자기표현을 하거나 A의 생각과 판단을 반영할 때 사용한다. 만약 B가 자기표현을 한다면 그에 대해서는 나중에 더 듣고 싶다고 말한 뒤 A한테 들은 것을 다시 말해 달라고 요청한다. 만약 B가 A가 한 말을 반영했는데 B가 들은 것이 단지 생각과 판단일 뿐이거나 중재자가 A에게서 들은 것과 다르다면, 우선 B에게 들은 것을 말해 주어서 감사하다고 한다. 이어서 중재자는 A의 욕구를 다시 언급한 후 B에게 A의 욕구를 반영하도록 요청한다. 중재자는 A의 말에 반드시 동의해야 하는 것은 아니라는 점을 B에게 확인해 주고, 그냥 들은 대로 다시 말해 달라고 할 수 있다. 필요하다면, A에게 방금 말했던 것을 다시 한 번 말해 달라고 요청할 수도 있다. 이 기술은 각 당사자가 상대편의 욕구를 이해하고 있음을 표현하도록 돕는 것이다. 이런 상황에서 B가 A의 욕구를 반영하기에는 너무 자극을 받은 것처럼 보이면 B에게 응급 공감(4번 기술)을 할 수도 있다. 귀 잡아당기기는 종종 끼어들기(6번 기술), 공감(1번 기술), 자기표현(8번 기술)과 같은 다른 기술과 함께 사용하기도 한다.

귀 잡아당기기의 예 1

이 시나리오에서는 A가 존중과 배려에 대한 욕구를 표현한다. 중재자가 B에게, A의 욕구라고 들은 것을 A에게 반영해 달라고 요청한다. B가 A의 욕구를 반영하는 대신, 자신도 존중이 필요하다며 그 이유를 설명하기 시작한다.

이때 중재자는 다음과 같이 말할 수 있다.

"잠깐만요, 잠깐만요…… 저도 지금 하시는 말씀을 듣고 싶어요. 하지만 그 전에, A의 욕구가 무엇인지 A한테 들은 것을 다시 말씀해 주시겠어요? 저는 A가 존중과 배려를 원한다고 들었어요. A한테 그 욕구들을 다시 말해 주시겠어요?"

또는

"A가 말한 욕구들을 들으신 대로 A에게 말씀해 주시겠어요?"

귀 잡아당기기의 예 2

이 시나리오에서 B가 존중과 배려에 대한 욕구가 있음을 표현한다. 중재자가 A에게 그것을 반영해 달라고 요청한다. A가 B의 욕구를 반영하는 대신, "B는 제가 사려 깊지 못하고 무례하다고 말했어요."라고 말한다.

이때 중재자는 다음과 같이 말할 수 있다.

"들은 것을 말씀해 주셔서 감사합니다. 저는 B가 존중과 배려를 원한다고 들었어요. 그 욕구들도 B한테 다시 말씀해 주시겠어요?"

또는

"들은 것을 말씀해 주셔서 감사합니다. 저는 B가 존중과 배려의 욕구가 있다는 얘기도 들었어요. 판단은 빼고 B의 욕구를 반영해 주시겠어요?"

또는

"다시 한 번 해 보시겠어요? 욕구를 말씀하실 때 '제가'를 빼고 말씀해 주시겠어요? 누가 어떻게 충족할지를 언급하기보다는, 충족되지 않은 욕구가 무엇인지 다시 한 번 말씀해 주시겠어요?"

3인 1조 연습: 귀 잡아당기기

파트너를 두 사람 구한다. A와 B의 역할을 정하고, 중재자를 정한다. 역할극을 할 시나리오를 선택한다.

1. 중재자가 양 당사자에게, 상대방의 욕구를 반영해 달라는 부탁을 받았을 때 자기표현을 하거나 판단을 반영해 달라고 요청한다.

2. 중재자가 A에게 B가 어떤 것을 알아주기를 바라는지 물어본다.

3. 중재자가 A를 공감하고, A의 말을 욕구로 번역한다.

4. 자신의 욕구를 중재자가 들었다는 것을 A가 확인하면, 중재자는 몸을 B에게 돌려 A가 말한 욕구를 반영해 달라고 요청한다. "B, A한테 들은 것을 말씀해 주시겠어요? A의 욕구가 무엇인가요?"

5. B는 요청받은 대로 반영하는 대신 자기표현을 한다.

6. 중재자가 "B, 저도 그것에 대해 당신이 어떻게 느끼는지 듣고 싶어요. 하지만 그 전에 먼저

A에게 들은 욕구를 반영해 주시겠어요? 저는 A의 욕구가 x와 y라고 들었어요."

7. B가 A의 욕구를 반영한다.

8. 중재자가 B에게 어떤 말을 하고 싶은지 묻고, B를 공감해 주며 욕구에 연결한다.

9. 중재자가 A에게, B한테 들은 것과 B의 욕구를 반영해 달라고 요청한다. A는 판단을 반영한다.

10. 중재자가 귀 잡아당기기를 한다. "들은 것을 말씀해 주셔서 감사합니다. 저는 B가 x와 y의 욕구가 있다고 들었어요. 그 욕구들도 B에게 다시 말씀해 주시겠어요?"

11. A가 B의 욕구를 반영한다.

12. 연습을 멈춘 후 경험을 되짚어 보고 피드백을 나눈다.

13. 다음 사람이 중재자가 되고 나머지는 역할을 바꾼다. 1~12단계를 반복한다.

14. 모두가 중재자 연습을 할 수 있도록 한 번 더 역할을 바꾼다. 1~12단계를 반복한다.

응급 공감

중재자가 A에게 B에 대한 공감을 요청했는데 A가 이에 응하지 않을 경우 응급 공감을 할 수 있다. 이 기술은 중재자나 한쪽 당사자가 말을 하는 도중에 다른 쪽 당사자가 말을 하기 시작할 때에도 사용할 수 있다. 한 당사자가 끼어들면 중재자는 그 사람에게 공감으로 반응한 뒤, 원래 말하고 있던 상대 쪽으로 다시 주의를 돌린다.(이런 상황은 "5번 기술: 추적하기"에서도 언급됨)

응급 공감의 예 1

누군가가 끼어들 때 하는 응급 공감: "잠깐만요, 잠깐만요…… 지금 당장 선생님 말씀을 들어 주기를 바라시나요? 선생님께서 하시려는 이야기도 충분히 고려될 것인지 확인하고 싶으세요?"

응급 공감의 예 2

A의 욕구를 반영하는 대신, 그 상황에서 자신이 겪고 있는 고통을 말하는 B를 위한 응급 공감: "잠깐만요, 잠깐만요…… 이 상황이 선생님께도 고통스럽고 그에 대해 하시고 싶은 말씀이 있다는 건가요?"

3인 1조 연습: 응급 공감

파트너를 두 사람 구한다. A와 B의 역할을 정하고, 중재자를 정한다. 역할극을 할 시나리오를 선택한다.

1. 중재자가 양 당사자에게, 상대방의 욕구를 반영해 달라는 부탁을 받았을 때 감정적으로 트리거 된 반응을 해 달라고 요청한다.
2. A가 먼저 B가 알아주기 바라는 것을 한두 문장으로 말하면서 시작한다.
3. 중재자가 그 말을 욕구로 번역하도록 도와주고, A는 그것이 자신의 욕구라고 말한다.

4. 중재자가 B를 향해, "저는 A에게 x라는 욕구가 있다고 들었어요. 그것을 A에게 반영해 주시겠어요?"라고 말한다.

5. B가 판단, 화, 좌절감, 짜증과 같은 감정적인 반응을 보인다.

6. 중재자가 B의 반응을 느낌과 욕구로 번역하며 응급 공감을 한다.

7. 중재자가 B와 함께 2~6단계를 다시 시작한다.

8. 연습을 멈춘 후 경험을 돌아보고 피드백을 나눈다.

9. 다음 사람이 중재자가 되고 나머지는 역할을 바꾼다. 1~8단계를 반복한다.

10. 모두가 중재자 연습을 할 수 있도록 한 번 더 역할을 바꾼다. 1~8단계를 반복한다.

M · E · M · O

중재 기술 5 추적하기(tracking)

이 기술은 프로세스나 지도상에서 어디에 있는지를 알아차리는 것이다. 예를 들자면, 5단계 중재 모델에서 현재 위치가 어디인지에 대한 자각을 바탕으로 다음 과정을 선택하는 것이다. 중재 지도는 순차적 형태로 표현되어 있지만, 실제 대화에서 그 순서대로 진행되는 일은 매우 드물다. 그래서 현재 대화가 중재 지도의 어느 지점에서 벗어났는지를 알고, 어떻게 반응할지를 선택하고, 5단계 프로세스 중 어디에 있는지를 기억함으로써, 중재자가 원할 때 그 지점으로 돌아갈 수 있다.

예컨대, B에게 A의 욕구를 반영해 달라고 요청하자 B가 자기 이야기를 하기 시작한다면 B에게 응급 공감을 하기로 선택할 수 있다. 그리고 나서 B가 A의 욕구를 아직 반영하지 않았다는 사실을 추적하고 부탁을 할 수 있다. 아니면 다른 선택을 할 수도 있다.

추적하기는 여러 층을 깊게 들어갈 수도 있다. 예를 들자면, B가 반응할 때 응급 공감을 하기로 선택할 수 있다. 여기서 A가 끼어든다면 어떤 식으로든 A에게 반응해야 할 수도 있다. 이때 우리는 두 층위를 추적하게 된다. B의 반응에 대해 공감하고, B에게 A의 욕구 반영을 요청하는 것이다.

연습하면서 각자에게 도움이 되는 추적하기 방법을 찾아본다. 짧게 기록을 하거나, 어디에 있는지 상기시키기 위해 펜을 책상 한쪽에서 다른 쪽으로 옮기는 등 도구를 사용할 수 있다. 솔직하게 잊어버렸다고 자기표현(8번 기술)을 하고 양 당사자에게 물어볼 수도 있다. 마지막으로 자기 연결로 돌아가기 위해 자기 공감(7번 기술)하는 시간을 가질 수도 있다. 중재자와 양 당사자 모두가 자기 연결을 할 시간을 가지자고 제안할 수도 있다.

다른 기술과 마찬가지로 추적하는 능력도 연습을 통해 길러진다. 우리는 양 당사자가 끼어드는 역할극으로 연습을 시작하기를 제안한다. 분쟁 당사자들이 끼어들 때, 중재자는 중재를 잠깐 멈추고 어느 단계에서 멈추었는지, 선택 가능한 여러 반응 중 어떤 것을 선택했는지, 이전에 멈추었던 지점의 욕구나 부탁이 무엇이었는지 소리 내어 말한다. 우리는 한 층씩 우선 추적하기를 제안한다. 이것은 우리가 한 당사자의 끼어들기와 반응에 대응하고 있는 동안, 중재가 멈추었던 지점으로 되돌아갈 때까지는 또 다른 당사자가 중간에 끼어들지 않는 것을 뜻한다. 좀 더 경험이 쌓인다면 이전의 반응에 대해 우리가 대응하고 있을 때 다른 상대방이 끼어드는 식으로, 두 층이나 세 층이 있는 연습을 원할 수도 있다.

중재자가 추적하며 다시 한 번 반영 요청을 한다.
"제가 기억하기로는, 선생님께서 방금 말씀하신 것을 제게 들려주시기 전에, 제가 A의 욕구를 반영해 달라고 부탁드렸는데요, 지금 해 주실 수 있으신가요?"

B를 공감할 때 A가 끼어든다. 중재자가 다음과 같이 반응한다.
"B, 제가 기억하기에 존중과 배려를 원한다고 말씀하셨던 것 같은데요. 이 상황에서 알아주기를 바라는 다른 게 있으신가요?"

일단 끼어든 A에게 응급 공감을 하고 나서, 중재자는 B에게 돌아가 공감을 하고, 그리고 나서 A에게 B의 욕구를 반영해 달라고 요청한다. 중재자는 아직 B로부터 반영받지 못한 A의 욕구가 있다는 것을 추적한다.
"A, 저는 존중이 중요하다고 말씀하신 것을 들었습니다. B께서 그걸 알아주시기를 바라시는지 궁금합니다."

3인 1조 연습: 추적하기

파트너를 두 사람 구한다. A와 B의 역할을 정하고, 중재자를 정한다. 역할극을 할 시나리오를 선택한다.

1. 중재자가 양 당사자에게 '어려움의 정도'를 조절해 달라고 요청한다. 예컨대 어려움의 수준을 높이고 싶으면, 양 당사자에게 중재 중에 서로 끼어들라고 부탁한다. 어려움의 수준을 낮추려면, 욕구 반영을 다시 요청했을 때에는 꼭 반영해 주기로 약속할 수 있다.

2. 중재자가 다음의 질문으로 중재를 시작한다. "어느 분이 먼저 이야기하고 싶으신가요?"

3. 누군가가 끼어들거나 중재자가 부탁한 대로 하지 않을 때, 중재자는 a) 역할극을 멈춘다. b) 5단계 중재 모델의 어느 부분에서 멈추었는지 확인한다. c) 어떻게 반응할지 말한다. d) 추적하고 있는 욕구나 부탁이 무엇인지 말한다.

4. 중재자가 역할극을 다시 시작하고 선택한 것을 실행한다.

5. 중재자가 양 당사자와 함께 중재가 중단된 지점으로 다시 돌아가서 중재 모델의 어느 단계에서 멈추었는지, 그리고 추적하고 있는 욕구와 부탁이 무엇인지 말한다.

6. 연습을 멈춘 후 경험을 되돌아보고 피드백을 나눈다.

7. 다음 사람이 중재자가 되고 나머지는 역할을 바꾼다. 1~6단계를 반복한다.

8. 모두가 중재자 연습을 할 수 있도록 한 번 더 역할을 바꾼다. 1~6단계를 반복한다.

중재 기술 **6** 끼어들기

이 기술은 한쪽이나 양쪽 당사자와 연결을 끊기보다 그들과 더 깊은 연결에 이르게 하는 기술이다. 다음의 세 가지 상황에서 도움이 된다. 첫 번째는 두 사람이 서로 동시에 말하는 경우이다. 두 번째는 한 당사자가 우리가 추적할 수 있는 것 이상으로 말하거나, 어떤 이유로든 전부 이해하기 힘든 경우이다. 세 번째는 한 사람이 상대편이 듣기 힘든 판단/비판의 말을 해서 연결이 끊길 가능성이 있는 경우이다.

끼어들기의 예 1

두 사람이 동시에 말을 하는 경우:

중재자: "잠깐만요, 잠깐만요…… 두 분께서 동시에 말씀하시면 여러분의 말씀을 제가 이해할 수 없습니다. 그리고 저는 두 분께서 서로 들으실 수 있게 돕고 싶습니다. 한 분씩 말씀해 주시겠어요?"

끼어들기의 예 2

추적할 수 있는 것 이상으로 말하는 경우:

중재자: "잠깐만요, 잠깐만요…… 저에게 말씀하시는 것을 제가 제대로 듣고 있는지 확인하고 싶습니다. 그래서 제가 지금까지 들은 것을 말씀드리고 싶습니다.(이 시점에서 중재자는 들은 것을 요약한 후, 그것이 그 사람이 알아주기를 바랐던 것인지, 그 사람에게 확인하여 마무리한다.)

끼어들기의 예 3~4

한 사람이 상대편에게 한 말로 인한 영향이 우려될 때 끼어드는 방법:

중재자가 A에게 공감한다. B가 자극을 받아 말하기 시작한다.

중재자: (B를 향해) "그것에 대해 선생님께서 어떠신지 들어 줄 거라는 확신이 필요하세요?"

그렇다고 하면, 중재자는 계속 이어 간다.

중재자: (B를 향해) "저도 선생님 말씀을 듣고 싶습니다. 지금은 A와 하던 이야기를 마저 마치고 선생님께 돌아올게요. 그렇게 해도 괜찮으시겠어요?"

또는

"잠깐만요. 제가 A의 말씀을 마저 들을 때까지 잠깐만 기다려 주시겠어요?"

또는

"잠깐만요. 제가 선생님 말씀을 듣기 전에, A의 말씀을 마저 들어도 괜찮으시겠어요?"

2인 1조 연습: 끼어들기

파트너와 끼어들기 기술을 연습하는 것은 끼어들기로 방해받은 사람과 다른 방식으로 연결을 유지하는 시도를 해 볼 기회를 제공한다.

파트너를 한 사람 찾는다. 누가 말하는 사람(A)을 하고, 누가 끼어드는 사람(B)을 할지 정한다.

1. A가 어떤 사람에 대해 판단하고 비난하는 말을 한다.
2. B가 끼어들면서, A가 말한 것에 대해 다음과 같은 공감적 추측을 한다. "A, 잠깐만요. 지금 이 상황이 괴로우신가요, 왜냐하면 _____가 필요하기 때문에?"
3. A는 자신의 느낌에 따라 반응한다.
4. A가 다시 판단/비난하는 말을 한다.
5. B가 자기표현을 하며 끼어든다. B는 다음과 같이 부탁을 한다. "A, 잠깐만요. 저는 좀 불편한데요, 왜냐하면 저는 우리 모두를 돌보고 배려하고 싶기 때문입니다. 이 말을 듣고 어떠세요?"
6. A는 자신의 느낌에 따라 반응한다.
7. 연습을 멈춘 후 경험을 돌아보고 피드백을 나눈다. A와 B는 각각의 선택이 자신에게 어떠했는지 이야기한다.
8. 역할을 바꾸어 1~7단계를 반복한다.

중재 기술 7 자기 공감

중재하는 동안 중재자가 내적으로 강한 자극을 받아서 싸우거나/도망가거나/얼어붙는 자동 반사적인 반응을 경험하게 될 때 자기 공감을 사용하여 자기 연결로 돌아갈 수 있다. 자기 연결 연습(SCP)을 어느 정도 한 후, 자기 공감을 통해 자기 자신의 관찰, 느낌, 욕구, 부탁을 천천히 스스로에게 말해 봄으로써 자신과 더 깊게 연결될 수 있게 된다. 충분한 연습을 하고 나면, 경험하는 강도의 정도와 상황에 따라 중재를 하는 도중에도 우리 주의의 일부를 침묵으로 자기 공감하는 데 돌릴 수 있다. 아니면, 중재를 하다가 잠깐 휴식 시간을 가지자고 요청하고 혼자서 자기 공감을 하거나 다른 사람에게 도움을 요청할 수도 있다.

　자기 공감은 우리 내적 경험의 가장 진실된 것으로 돌아가는 데 도움이 된다. 예를 들자면, 어려운 중재를 하다가 우리가 갈등의 한 당사자에 대한 '적 이미지'(판단, 비난, 비판)를 가지고 있다는 것을 알아차렸을 때 사용할 수 있다. 또 다른 선택지는 (p.105에 나오는) 자기 공감이 포함된 적 이미지 프로세스를 사용하는 것이다.

　중재 도중에 자기 연결이 끊겼을 때, NVC의 창시자 마셜 로젠버그가 말한 "삶으로 돌아가기(come back to life)"를 위해서 이 프로세스를 사용할 수 있다. 이런 방식으로 자신과 다시 연결되고 나면 상대방에게 다시 초점을 맞출 수 있고, 우리의 욕구를 더 효과적으로 충족할 가능성이 커진다.

자기 공감의 예

갑돌이가 두 명의 사업 파트너로부터 그들의 컨설팅 업무와 관련된 문제를 해결하는 데 도움을 달라는 부탁을 받고 그들을 중재하고 있다. 그는 이미 두 사람을 따로 만나서 사전 중재를 했다. 중재가 시작되고 얼마 되지 않아 A가 B에게 말했다. "당신이 방금 한 그 말, 그건 정말 바보 같은 생각이야. 그래서 내가 더는 당신하고 사업을 같이 하고 싶지 않은 거라고."

　A가 한 말이 B를 자극해 둘 사이를 더욱 멀어지게 하리라는 생각이 갑돌이에게 들었다. 그는 B가 너무도 화가 나서 중재를 중단할지도 모른다는 생각이 들었다. 갑돌이는 다음과 같은 생각을 했다. '지금까지 한 과정을 A가 전부 망쳐 버렸어. 이제 난 A가 방금 벌여 놓은 일들을 뒷수습해야만 한다고.'

갑돌이는 A가 문제가 있다고 생각하면서 A에 대해 적 이미지를 가지게 되었다. 만일 계속해서 A에게 문제가 있다고 생각한다면, 그 생각을 표현하지 않더라도 그의 행동과 목소리를 통해 이런 구체적인 판단까지는 아니더라도 어쨌든 A에 대한 판단이 전달될 가능성이 있다.

갑돌이는 자신 안에서 이런 일이 일어나고 있다는 것을 알아차린 후 곧바로 자기 연결(SCP)을 한다. 그 후에 9가지 중재 기술 중에서 선택할 수 있다. 그가 자기 공감을 선택했다고 한다면, 이 상황에서 갑돌이는 다음과 같이 자기 공감을 할 수 있다. 'A의 말을 들으니 난감하다. 왜냐하면 사람들이 서로 들을 수 있도록 지원하면서 기여하고 싶기 때문이야. 그리고 나는 서로의 말이 상대방에게 미치는 영향을 알아차리는 게 중요해.' 이런 내면의 대화를 하는 시간을 잠깐 가진 후, 다음에 무엇을 할지 선택한다.

자기 공감은 내면에서 이루어진다. 하지만 파트너와 소리 내어 말하면서 연습하면 자극의 강도 수준을 선택할 수 있고 느낌과 욕구와 연결하는 데 도움을 받을 수 있다.

2인 1조 연습: 자기 공감

이는 강도 연습(intensity exercise)의 한 형태이다.

파트너를 한 사람 찾는다. 먼저 자기 공감을 연습할 사람(A)과 자극을 전달할 사람(B)을 정한다.

1. A가 B에게 자극이 되는 문장을 알려 준다.
2. B가 그 자극을 전달한다.
3. A는 불편한 느낌을 감지하자마자 역할극을 멈추고, 소리 내어 생각·느낌·욕구를 말하며 자기 공감을 한다.
4. B는 A가 부탁하면 느낌과 욕구에 연결하는 것을 지원한다.
5. 연습을 멈춘 후 경험을 돌아보고 피드백을 나눈다.
6. 역할을 바꾸어 1~5단계를 반복한다.

중재 기술 8 자기표현

이 기술은 중재자로서 자신의 어려움을 솔직하게 표현함과 동시에 연결을 촉진하는 것이다. 만일 한쪽이나 양쪽 당사자가 중재자의 욕구를 충족하지 못하는 방식으로 행동한다면, 중재자는 우선 자기표현을 사용하여 자신의 느낌과 욕구를 전하는 선택을 할 수 있다. 그리고 나서 그 욕구를 충족할 수 있는 부탁을 한다. 이 기술은 판단이나 강요 없이 솔직하게 자신을 표현하는 것이다.

자기표현의 예 1

갑돌이가 두 명의 사업 파트너로부터 그들의 컨설팅 업무와 관련된 문제를 해결하는 데 도움을 달라는 부탁을 받고 그들을 중재하고 있다. 그는 이미 두 사람을 따로 만나서 사전 중재를 했다. 중재가 시작되고 얼마 되지 않아 A가 B에게 말했다. "당신이 방금 한 그 말, 그건 정말 바보 같은 생각이야. 그래서 내가 더는 당신하고 사업을 같이 하고 싶지 않은 거라고."

A가 한 말이 중재를 망칠 거라는 생각이 갑돌이에게 스쳐 지나갔다. 그는 B가 너무도 화가 나서 중재를 중단할지도 모른다는 생각이 들었다. 갑돌이는 다음과 같은 생각을 했다. 'A가 자기가 하는 말을 좀 더 알아차린다면 A가 망쳐 버린 일을 내가 다루지 않아도 될 텐데.'

갑돌이는 A의 행동에 대해 판단하면서 A에 대해 적 이미지를 가지게 되었다. 만일 계속해서 A에게 문제가 있다고 생각한다면, 그 생각을 표현하지 않더라도 그의 행동과 목소리를 통해 이런 구체적인 판단까지는 아니더라도 어쨌든 A에 대한 판단이 전달될 가능성이 있다.

7번 기술인 자기 공감의 예에서는 갑돌이가 자기 공감을 한 것까지 다루었다. 그에 이어서, 갑돌이는 다음과 같이 자기표현을 하기로 선택할 수 있다. "A, 선생님께서 B에게 '그건 바보 같은 생각'이라고 말씀하시는 것을 제가 들었을 때, B가 들을 수 있는 한계를 넘어 버려서 중재를 계속하려는 마음에 영향을 미칠까 봐 걱정됩니다. 저는 두 분께서 서로가 하는 말을 들으실 수 있도록 지원하고 싶습니다. B의 생각에 대해서 선생님께서 그런 말씀을 하셨는데, B가 한 말이 무엇인지 말씀해 주시겠어요?" 이것이 자기표현이다. 왜냐하면 중재자로서의 개인적인 경험으로, A의 말이 B와 중재 프로세스에 미칠 영향에 대한 우려를 A가 알 수 있게 했기 때문이다. 연결을 이루는 방식으로 표현하기를 원하면, 먼저 자신의 욕구를 말하고 그에 따른 부탁을 한다.

자기표현의 예 2

갑돌이가 A의 말을 듣고 있는데 B가 말하기 시작한다면, 갑돌이는 다음과 같이 말할 수 있다. "B, 잠깐만요, 잠깐만요. 저는 선생님께서 말씀하시려는 것도 잘 듣고 싶고, A가 말하는 것도 이해하고 싶습니다. 제가 A와 몇 분 더 이야기하고 나서 선생님 말씀을 들으러 돌아와도 괜찮으시겠어요?"

이 상황에서 갑돌이가 응급 공감(4번 기술)을 하거나, 응급 공감과 자기표현을 함께 쓰는 것을 선택할 수도 있다는 점을 기억하자.

2인 1조 연습: 정수기 앞 대화

함께 연습할 한 명의 파트너를 구한다. 이 연습에서 두 사람은 휴식 시간에 정수기 앞에서 만나고 있는 회사 동료의 역할을 한다. A가 먼저 다른 동료나 회사의 어떤 상황에 대해 불평을 늘어놓는다. B는 자기표현으로 반응하는 연습을 한다. 우선 자기 공감을 하여 자신과 연결이 된 상태에서 표현할 수 있도록 한다.

예컨대 A가 다음과 같이 말할 수 있다. "그 사람, 또 그렇게 한 거 알아? 그 사람이 완전히 나를 속이고 김정숙 씨한테 새 프로젝트에 대해서 말했어. 그 사람은 그게 내 프로젝트라는 걸 알고 있었다고. 어떻게 그럴 수 있지? 난 정말 그 사람 프로젝트도 망쳐 놓고 싶어."

1. A는 회사 상황이나 동료에 대해서 판단하는 투로 말한다.
2. B는 손을 들어 역할극을 멈추고, 자기 공감을 소리 내어 한다.
3. B가 역할극으로 돌아가 다음의 내용으로 자기표현을 한다.
   a) A의 말을 들었을 때 느낌
   b) B에게 우려가 되는 A가 한 말
   c) 그런 반응을 일으킨 B의 욕구
   d) 마지막으로, 부탁
   예: "나는 '그 사람 프로젝트도 망쳐 놓고 싶어.'라는 말을 들으면 걱정이 돼. 왜냐하면 나는 우리 모두가 협력해서 일을 해내기를 바라기 때문이야. 내가 한 말을 듣고 느낌이 어때?"

4. A는 마음이 가는 대로 느낌을 표현한다.

5. B는 다시 자기표현을 한다.

6. 역할에서 벗어나서 각자 어떻게 느꼈는지 나눈다.

7. 역할을 바꾸어 1~5단계를 반복한다.

3인 1조 연습: 자기표현

이 연습에서 양 당사자는 자기표현을 연습하기 위해 자주 끼어들고 화를 내며 중재자와 연결을 끊거나 서로 간에 연결을 끊는다. 그렇게 할 때 중재자는 잠시 역할극을 멈추고, 자기 공감을 한 후에 자기표현을 한다.

연습을 함께할 두 명의 파트너를 구한다. A와 B의 역할을 정하고, 중재자를 정한다. 역할극을 할 시나리오를 선택한다.

1. 중재자가 평소와 마찬가지로 중재를 시작한다.

2. 한 당사자가 상대방이 말할 때 끼어들거나 화를 내고 연결을 끊자마자, 중재자는
   a) 역할에서 벗어난다는 것을 알리기 위해 손을 든다.
   b) 자기 공감을 침묵으로 하거나 소리 내서 한다.

3. 중재자가 역할로 돌아가서, 한쪽 당사자에게 자기표현을 하고 부탁으로 마무리한다.

4. 자기표현을 할 다른 기회가 생길 때까지 중재를 계속하고, 그 기회가 오면 중재자는 2~3단계를 반복한다.

5. 역할에서 벗어나 연습한 것을 되돌아본다.

6. 다음 사람이 중재자가 되고 나머지는 역할을 바꾼다. 1~5단계를 반복한다.

7. 모두가 중재자 연습을 할 수 있도록 한 번 더 역할을 바꾼다. 1~5단계를 반복한다.

M · E · M · O

중재 기술 9 해결 부탁

이 기술은 중재의 마지막 단계에서 적용된다. 갈등의 당사자들이 모두 만족할 만한 해결책을 찾을 수 있도록 명확하고 효과적인 부탁을 서로에게 하도록 지원한다. 해결 부탁은 주 합의(main agreements)를 지킬 수 있게 돕는 보조 합의(supporting agreements)를 만들고, 합의가 지켜지지 않을 때 취할 조치/행동을 정하는 것을 포함한다.

효과적인 부탁은 다음과 같은 특성을 지닌다.

- 실행 가능한 것
- 지금 일어나기 바라는 것을 현재 시제로 표현
- 행동 가능한 언어로 표현: 원하지 않는 것이 아니라 원하는 것
- 강요가 아닌 부탁으로
- 한쪽의 욕구가 아닌, 양쪽 모두의 욕구를 충족할 수 있는 것

체크리스트: 해결 부탁을 위한 제안

- ☐ 실행 가능한가?
- ☐ 행동 언어로 되어 있는가?
- ☐ 현재 시제로 되어 있는가?
- ☐ 강요가 아닌 부탁으로 말하는가?
- ☐ 한 사람만이 아니라 모두의 욕구를 충족하려는 것으로 보이는가?
- ☐ 주 합의를 지키는 데 도움이 될 보조 합의가 마련되어 있는가?
- ☐ 주 합의가 지켜지지 않을 경우에 대비한 개선 합의가 준비되어 있는가?

해결 부탁의 예

중재자는 양쪽의 욕구를 모두 충족할 수 있는 동의에 이르도록 돕기 위해, 이들이 원하는 것을 부정적인 언어로 표현하고 있는지, 현재 시제로 표현하지 않고 있는지, 실행하기 어려운 것인지, 강요인지 알아차려야 한다. 중재자는 이들이 원하는 것을 긍정적인 말로, 현재형으로, 행동 언어

로, 진정한 부탁으로 바꾸어 말할 수 있도록 돕는다.

　　다음의 사례에서, 황중재는 김동민의 빡빡한 업무와 출장 일정으로 갈등을 겪어 온 김동민과 김소영 부부를 중재하고 있다. 그들은 중재를 통해 다시 연결되었고 마지막 해결 단계에 있다. 다음은 황중재가 이 두 사람이 각자의 부탁을 할 수 있도록 도와주는 대화의 한 대목이다.

황중재: "김소영 씨 먼저 시작해 볼게요. 김동민 씨에게 바라는 것이 뭔가요?"

김소영: "저 사람이 좀 더 나를 배려해 줬으면 해요. 늦게까지 일하거나 한 달에 2주 동안 출장가 있을 때 제가 감당해야 하는 일에 대해서 생각해 줬으면 좋겠어요."

황중재: "저는 김소영 씨가 배려를 원한다고 들었어요. 제가 좀 걱정이 되는데, 말씀하신 것이 아직 실행 가능한 것이 아니라서요. 배려를 위해서 김동민 씨가 할 수 있는 일은 어떤 것일까요?"

김소영: "좋아요, 제가 정말로 원하는 것은 저 사람이 시내에 있을 때는 매일 저녁 6시까지 집에 들어오는 거예요."

황중재: "그러니까 김동민 씨가 시내에 있을 때 저녁 6시까지 집에 들어와 달라고 요청하고 싶으신 거군요. 김동민 씨, 그렇게 해 보실 수 있겠어요?"

김동민: "저도 저 사람이랑 아이들과 더 많은 시간을 보내고 싶어요. 하지만 급한 일들을 처리하느라 늦게까지 남아야 할 때가 있어요. 그래서 매일 밤 집에 들어가겠다고 말하기는 힘들어요. 그래도 일주일에 3일은 저녁 6시까지 집에 갈 수 있을 것 같네요."

황중재: "일주일에 3일은 저녁 6시까지 집에 도착하기 위해 회사에서 퇴근할 거라고 기꺼이 동의할 의향이 있으시다는 건가요?"

김동민: "그래요."

김소영: "일주일 정도는 그렇게 할 수 있겠지만 그 후에는 평소대로 다시 돌아갈 거예요."

황중재: "김동민 씨가 말한 것이 진심이라고 믿을 수 있었으면 한다는 말씀으로 들리는데요. 제가 강조하고 싶은 점은 부탁은 항상 현재 시제라는 거예요. 그래서 김동민 씨가 미래에 어떤 행동을 하겠다고 동의를 하셔도, 그분이 정말로 말씀하시는 것은 일주일에 3일은 저녁 6시까지 집에 온다는 현재의 의도예요. 김소영 씨, 김동민 씨가 동의하신 것을 믿는 데 도움이 되도록, 지금 김동민 씨한테 듣고 싶으신 것이 있나요?"

김소영: "그가 일에 마음 쓰는 만큼 가족에게도 마음을 쓴다는 말을 듣고 싶어요."

김동민: "내가 당신하고 아이들에게 마음 더 쓸게. 일주일에 3일, 저녁 6시까지 집에 도착하기 위해 내가 할 수 있는 한 해 볼게."

중재자의 주요 문구

"A, 저는 그게 명확하거나 실행 가능하다고 생각하지 않아요. B가 들었으면 하거나 말해 줬으면 하는 게 뭔가요?"

"그건 그 사람이 할 수 없는 것이에요. 그 사람이 할 수 있는 것은 뭔가요?"

"당신의 욕구를 충족하기 위해서 그 사람이 구체적으로 할 수 있는 것이 뭔가요?"

"이 동의를 지키기 위해서 자신이나 다른 사람에게 부탁할 수 있는 것은 뭔가요?"

"이 동의가 지켜지지 않는다면 어떻게 대응하고 싶으세요?"

황중재: "제가 기억하기에, 김소영 씨가 말씀하신 것 중에 또 하나는 이 주 합의를 지원하는 합의를 마련하는 것이 중요하다는 거예요. 김동민 씨, 이 합의를 지키는 데 도움이 되도록, 김소영 씨나 다른 분께 부탁하실 것이 있나요?"

김동민: "내가 저녁 6시에 집에 못 들어올 때 아내가 잔소리를 안 했으면 좋겠어요. 집에 오고 싶은 마음을 내는 데 도움이 안 돼요."

황중재: "아내가 잔소리를 그만했으면 하시는군요. 선생님께서 가족과 저녁 식사를 정말로 하고 싶어 하신다는 것을 믿어 주기를 바라세요?"

김동민: "네."

황중재: "좋아요, 왜 그것을 원하는지 명확해졌어요. 잔소리를 하지 않는 대신 아내가 해 줬으면 하는 것이 있나요?"

김동민: "현관문을 들어서자마자 제가 뭘 해야 하는지 아이들을 상대하느라 얼마나 기진맥진했는지 퍼붓는 대신, 먼저 저랑 연결했으면 좋겠어요."

황중재: "현관문을 들어섰을 때 아내와 연결하고 싶은 선생님 욕구를 무엇이 충족해 줄까요? 연결되었다고 느낄 수 있도록 아내가 구체적으로 어떤 것을 할 수 있을까요?"

김동민: "가능하다면 하던 일을 잠깐 멈추고, 제 눈을 바라보고, 키스해 주고, 오늘 하루 어땠는지 물어봐 줬으면 해요."

황중재: "김소영 씨, 그렇게 해 보실 수 있겠어요?"

김소영: "그럼요, 기꺼이 할 수 있어요. 저도 좋아요. 그런데 그게 정말로 일찍 퇴근하는 데 도움이 돼요?"

김동민: "그럴지도……. 아니, 당신 말이 맞아. 내게 퇴근 시간을 상기시켜 줄 만한 뭔가가 필요해. 아마도 한 주를

시작할 때 언제 일찍 집에 들어올지 계획을 세우고, 그날 비서에게 회사를 나서기 한 시간 전에 알려 달라고 해서 일을 마무리하면 할 수 있을 것 같아."

황중재: "좋아요, 그러면 두 가지 보조 합의를 제안하시는군요. 첫 번째는 한 주가 시작할 때 어느 날 집에서 저녁 식사를 함께할지 정하는 것이고, 두 번째는 저녁 6시에 집에서 함께 식사하기 위해 비서에게 출발 한 시간 전에 알려 달라고 요청하는 것이고요."

3인 1조 연습: 해결 부탁

함께 연습할 파트너를 두 사람 구한다. A와 B의 역할을 정하고, 중재자를 정한다. 양쪽의 욕구가 드러나 어느 정도 연결이 이루어졌고, 해결 국면을 시작하는 부분에서부터 역할극을 설정한다. 연습할 시나리오를 선택하고 양쪽의 욕구를 정한다.

예컨대, 학급에서 창의적인 온라인 프로그램을 사용하는 것에 대한 교사와 관리자 사이의 갈등을 생각해 보자. 교사는 자율성과 학생들에게 기여하려는 욕구가 있다. 관리자 역시 시험 성적을 잘 받게 함으로써 학생들에게 기여하고 학교 위원회로부터 신뢰를 얻고자 하는 욕구가 있다.

1. 중재자가 A에게 B에 대한 부탁을 물어보면서 중재의 해결 단계를 시작한다.

2. A가 부탁을 말한다.

3. 중재자는 손을 들어 역할에서 벗어난다는 표시를 한 뒤, 소리 내어 그 부탁을 확인한다.

   a) 실행 가능한가?

   b) 긍정적인가?

   c) 현재 시제인가?

   d) 강요하는 것처럼 보이나?

4. 중재자는 역할로 돌아가서 A가 부탁을 수정할 수 있도록 지원한다.

5. 부탁이 현재 시제, 긍정적인 말, 행동 언어가 될 수 있도록 필요하다면 2~4단계를 반복한다.(A의 부탁이 효과적인 부탁의 특성을 갖추지 못했다는 점을 곧바로 알아챈다면 3단계를 건너뛰어도 괜찮다.)

6. 중재자가 이번에는 B를 상대로 2~5단계를 반복한다.

7. 역할에서 벗어나 연습한 것을 되돌아본다.

8. 다음 사람이 중재자가 되고 나머지는 역할을 바꾼다. 1~7단계를 반복한다.

9. 모두가 중재자 연습을 할 수 있도록 한 번 더 역할을 바꾼다. 1~7단계를 반복한다.

"No!" 뒤의 욕구

"No!" 뒤의 욕구(Need Behind No)는 해결책의 출현 국면에서 핵심 과정이다.

1. 부탁 뒤에 있는 욕구를 공감하여 부탁을 명확히 한다.
2. "No!" 뒤의 욕구를 공감한다.
3. 양 당사자의 욕구와 조화를 이루는 부탁을 찾는다.
4. 해결책이 나올 때까지 1~3단계를 반복한다.

3인 1조 연습: "No!" 뒤의 욕구

연습 파트너를 두 사람 찾는다. A와 B의 역할을 정하고, 중재자를 정한다. 역할극을 할 시나리오를 선택한다.

1. 중재자가 A에게 그의 욕구와 부탁을 말해 달라고 요청한다.
2. 중재자는 A가 부탁을 명확히 하도록 돕고 A의 욕구와 연결한다.
3. 중재자가 B에게 A의 부탁을 들어줄 의향이 있는지, 그렇게 하는 것이 B의 욕구를 충족하는지 물어본다.
4. B가 어떤 형식으로든 "No!"라고 말한다. 중재자는 B가 "Yes!"라고 말할 수 없게 하는 욕구

를 공감한다.

5. 중재자가 B에게 B와 A의 욕구를 모두 충족할 수 있는 부탁이 있는지 물어본다. 중재자는 B가 부탁을 명확히 하도록 돕는다.

6. 중재자가 A에게 B의 부탁에 대해 어떤 느낌이 드는지 물어보고, 만약 "No!"가 있다면 그것을 공감한다.

7. 해결책이 나올 때까지 이 과정의 세 부분을 반복한다.

비공식 중재

가끔은 갈등 당사자들이 지원해 달라는 요청을 하지 않을 때에도 중재자가 중재 기술과 중재 프로세스를 적용해야 할 때가 있다. 마셜 로젠버그는 이러한 비공식 중재를 "요청 없이 남의 일에 참견하기"라고 부른다. 이런 상황에서 중재자는 분쟁의 당사자가 아니다. 이때 우리가 다른 사람들의 갈등에 개입하기로 결정하는 것은 우리 자신의 욕구를 충족하기 위해서이다. 비공식 중재에서는 분쟁 당사자들과 연결할 시간, 그들이 우리의 지원을 받아들일 시간이 거의 없을 수 있다. 따라서 되도록 간략히 말하고, 우리 자신의 욕구와 부탁을 명확히 하는 것이 중요하다. 비공식 중재는 9가지 중재 기술을 모두 필요로 하지만, 공식 중재와는 적용 순서와 강조점이 다르다.

1. 공감으로 추측하고 반영하는 것이 짧고 빠르며, 양쪽 당사자들을 공감하며 왔다 갔다 하는 속도가 더 빠르다.

2. 종종 자기표현(특히 투명성과 여린 면)을 더 하는 것이 사람들이 우리의 지원에 좀 더 마음을 열고 우리를 믿는 데 도움이 된다.

3. 양 당사자들에게 그들이 상대방에게 들은 것을 반영해 달라고 요청할 수 있다. 아마 그 전에 각 당사자를 여러 차례 공감만 하는 과정을 거쳐야 할 것이다.

4. 해결 부탁과 합의의 모든 단계가 포함되지만 공식 중재보다 빠르고 짧고 간단하다.

비공식 중재의 예

비공식 중재를 사용할 수 있는 예는 많다. 동료들과 회의를 할 때, 친구와 가족들 사이에서, 그리고 장난감을 가지고 서로 싸우거나 그다음에 무엇을 해야 할지를 놓고 싸우는 아이들을 중재할 수 있다. 우리가 사용하는 언어는 상대에 따라 다를 수 있지만 그 역학은 동일하다.

서로 가시 돋친 말을 주고받는 아버지 김태웅과 아들 정태가 같이 있다고 상상해 보자. 이들은 당신에게 소중한 사람들이다. 그들이 하는 말을 듣고 당신은 불편함을 느꼈다. 자기 성찰을 통해 그 불편함이 돌봄과 조화의 욕구에서 나온다는 것을 알게 되었다. 이어서 당신은 도움의 욕구도 가지고 있다는 것을 알게 되었다.(당신은 방금 그때그때 하는 자기 공감을 했습니다!) 그래서 당신은 다음과 같이 말한다. "정태야, 지금 좀 좌절스러운 건 너의 선택을 존중받고 싶기 때문이니?" 이어서, 정태의 대답을 기다리지 않고 김태웅을 향해 말한다. "그리고 태웅아, 네가 좀 짜증이 나는 건 너의 인생 경험을 존중받고 싶기 때문이야?" 양쪽이 긍정적인 반응을 하는 것으로 보이면, 양쪽에 대해 짧은 공감과 반영을 계속한다.

양쪽이 긍정적으로 반응하는 것 같지 않으면, 다음과 같이 자기표현을 시도해 볼 수도 있다. "나는 두 사람 다 너무나 아끼는데, 두 사람의 긴장된 대화를 들으니 슬퍼. 나는 두 사람의 말이 서로에게 전해지고 서로 연결되도록 돕고 싶어. 둘이 얘기하는 것을 내가 이해하고 있는지 계속 확인해 보고 싶은데, 괜찮겠어?"

그 일이 잘 진행되면 어느 시점에서 다음과 같이 말할 수 있다. "상대방에게 들은 것을 그 사람에게 말해 주면 도움이 되던데, 한번 해 볼래?" 두 사람이 좋다고 하면 그렇게 하도록 돕는다. 또한 둘 중에 누구든 제안하고 싶은 것이 있거나 양쪽 모두가 만족할 만한 요청이 있는지 물어보고 해결 부탁과 합의를 하는 데 도움을 줌으로써 해결 국면을 도와줄 수도 있다.

- **조심할 점** 갈등 상황에 개입할 때, 특히 우리가 당사자들을 알지 못하고 그들이 어떻게 반응할지 모를 경우에, 우리 자신의 신체적 안전에 주의를 기울이는 것이 중요하다. 가족이나 사업상 동료처럼 좀 더 안전한 환경에서 비공식 중재를 연습하는 것이 가장 좋다.
- **몸짓 언어(body language)에 관한 팁** 말하는 사람을 향해 손바닥을 펴 보이는 것은 '멈춰라' 또는 '듣기 싫다'라는 의미로 해석되어 의도와 달리 갈등을 증폭시킬 수 있다. 하지만 대부분의 사람들은 손을 곧게 쭉 편 동작, 즉 엄지가 위로 향하고 편안히 손목을 곧게 편 동작에는 거부감을 느끼지 않는 경향이 있다.

3인 1조 연습: 비공식 중재를 위한 손동작

1. 양 당사자가 서로 끼어들며 말할지 사전에 정하여 어려움의 정도를 조절한다.
2. 비공식 중재자는 양 당사자의 주의를 끌기 위해 필요한 만큼 "잠깐만요."를 외치면서 손동작을 하는 연습을 한다. 강요나 긴박감을 느끼게 하지 않으면서 제스처를 사용하는 연습을 한다.

연습과 피드백

> 우리는 자신이 기대하는 수준으로 올라가지 않는다. 훈련된 수준으로 내려간다."
>
> —**아르킬로코스**(그리스 군인이자 시인, BC 650)

우리는 집중 교육에서 무엇을 어떻게 연습할 것인지를 배우고, 영감을 얻고, 공동체를 만든다. 하지만 진정한 배움, 성장, 변화는 규칙적인 연습과 2인 1조, 3인 1조 파트너들의 효과적이고 도움되는 피드백을 통해서 일어난다.

경험 나누기와 '바이오피드백(biofeedback)'

피드백을 주고받는 것은 배움과 변화의 핵심적인 부분이다. 우리는 이것을 일종의 '바이오피드백'으로 본다. 즉 다른 사람의 행동에 대한 우리의 내적 경험을 말해 주는 것이다. 여기에는 세 가지 핵심적인 측면이 있다.

1. 경험 나누기: 그 경험이 자신에게 어땠는지? 연습하거나 역할극 할 때 자신에게 어떤 일이 일어났는지?

2. 충족된 욕구에 대한 피드백:

    a) 마음에 들었던 것, 도움이 된 것, 연결이 되었던 것부터 말한다. 아무리 사소한 것이라도 한 가지 이상 찾아본다.

    b) 구체적인 관찰을 제시한다.

    c) 내적인 경험, 느낌과 욕구를 나눈다.

3. 충족되지 않은 욕구에 대한 피드백을 받을지 말지 선택하기: 당신의 마음에 들지 않았던 점, 당신의 충족되지 않은 욕구에 대한 피드백을 받고 싶은지 파트너에게 물어본다. 파트너가 원한다면, 그가 어떻게 달리 할 수 있었을지, 당신이 어떤 것을 더 선호했을지에 관한 선택지들을 제시한다. 더 듣고 싶은지 계속 확인한다. 피드백을 받기로 했다면, 당신이 원하는, 당신이 알고 싶은 것에 관한 피드백을 요청한다.

2인 1조 연습: 신발 피드백

1. 파트너의 신발에 대해 긍정적인 판단을 말한다. 예를 들자면, "와, 신발이 너무 멋있어요." 라고.

2. 그런 다음, 파트너의 신발에 대해 관찰, 느낌, 욕구로 '바이오피드백'을 준다.

    • 신발에서 마음에 드는 구체적인 것

    • 그것을 생각할 때의 느낌(몸 vs. 생각)

    • 충족되는 나의 욕구

3. 파트너에게 마음에 들지 않는 것도 듣고 싶은지 물어본다. 파트너는 듣고 싶다고 말한다. 충족되지 않는 욕구에 대해 관찰, 느낌, 욕구로 피드백을 준다.

4. 파트너에게 다시 한 번 마음에 들지 않는 것을 듣고 싶은지 물어본다. 이번에는 파트너가 듣고 싶지 않다고 말한다.

5. 판단에 바탕을 둔 피드백과 욕구에 바탕을 둔 피드백 중 어떤 유형의 피드백이 마음에 드는지, 왜 그런지에 대해 서로 나눈다.

모의 비행: 연습 가이드라인

연습 세션 시작하기

1. 지금 어떤지, 하루를 어떻게 지내고 있는지 간단하게 체크인한다.
2. '의자에 앉히고' 싶은 실제 상황이 있는 사람이 있는지 확인한다. 만약 없다면, 인간관계 갈등, 가족·직장 내 갈등 등 흔히 있을 만한 상황들을 만들어 낸다. 그리고 나서 즉석 역할극 구성에 들어간다.
3. 어떤 사람의 상황으로 연습할지 정한다.(함께 결정하기가 힘들다면 그것 자체가 중재할 사안이다!)

역할극 준비하기

1. 연습할 상황을 제공한 사람이 당사자 역할을 하고, 연습 파트너 두 사람 중 한 사람은 상대방, 다른 한 사람은 중재자 역할을 맡는다.
2. 시나리오를 제공한 사람이 상대방 역할을 맡은 사람(그룹에서의 자원자)에게, 상대방이 했던 말이나 행동 중에서 한 가지를 관찰로 말해 준다. 있었던 일을 다 말할 필요는 없다.
3. 중재자는 어려움을 조정하여 자신의 학습 영역 안에 있을 수 있게 한다.
    a) 연습하고 싶은 기술은?
    b) 역할극에서 어려움의 정도는?

4. 만약 코치가 있다면, 코치에게 어떻게 코칭을 받을지에 대해서 합의한다.

5. 중재자는 역할극을 시작하기 전에 자기 공감을 한다.(자신의 생각, 느낌, 욕구, 자기 자신이나 다른 사람에게 하는 부탁을 소리 내어 말하는 것을 추천한다.)

6. 시간 관리자를 두고 중재를 한다(10~15분). 중재가 끝나고 나면 피드백을 주고받는다(5~10분). 역할을 바꾸어, 연습 사례를 제공한 사람이 '상대방' 역할을 맡는다. 중재자 역할은 맨 마지막 차례에 한다. 역할이 바뀔 때마다 중재(10~15분)와 피드백(5~10분)을 주고받는다.

역할극을 하는 중에('모의 비행'으로)

1. 역할극을 멈추고 침묵으로 또는 소리 내어 자기 연결/자기 공감을 할 수 있다.

2. 역할극을 멈추고 소리 내어 자신의 선택을 생각해 볼 수 있다.

3. 역할극을 멈추고 다른 사람들에게 피드백을 요청할 수 있다.

4. 연습 파트너에게 난이도 수준을 높이거나 낮추어 달라고 요청할 수 있다.

5. 되돌아가서 자신이 연습하고 싶은 것을 다시 연습할 수 있다.

6. 관찰자와 코치는 충족된 욕구 vs. 충족되지 않은 욕구로 보이는 점에 초점을 두고 기록을 한다.

역할극을 하고 나서(경험 나누기와 피드백은 앞의 '연습과 피드백' 부분 참고)

1. 경험 나누기

2. 충족된 욕구에 대한 피드백

3. 충족되지 않은 욕구에 대한 피드백도 받기를 원하는지 물어본다.

4. 피드백을 한 후 역할을 바꾼다. 사례를 제공한 사람이 상대방 역할을 한다. 마지막 순서에서 중재자 역할을 한다.

5. 코치에게 코칭에 대한 피드백을 준다.

4

중재의
시간적 맥락

적 이미지 프로세스(EIP)

'적 이미지(enemy image)'는 마셜 로젠버그가 사용했던 용어에서 빌려 온 단어로, 우리 머릿속에 상대방에 대한 이미지를 만들어 내고 실제의 그 사람을 보지 못하도록 가로막는 일련의 판단들을 가리킨다.

적 이미지는 우리가 상대방에 대해 관심과 연민 또는 연결감을 느끼는 것을 가로막는다. 우리가 모두 같은 인간이라는 점을 보지 못하게 한다. 상대방이 틀렸고 나쁘고 벌을 받아 마땅하다는 생각으로 부정적인 이미지를 형성했을 때, 우리는 상대편과 단절될 뿐 아니라 스스로 큰 고통을 경험하게 된다. 쓸쓸함, 원망, 분노, 심지어는 증오를 느낄 수도 있다. 적 이미지를 가지고 있을 때 우리 스스로가 고통스럽고 상대방과 그 상황에 능숙하게 대처하여 욕구를 충족할 가능성도 낮아진다. 적 이미지는 부정적 또는 긍정적 평가들로부터 만들어진다. 예컨대 우리는 숭배되는 것 같거나 우리보다 더 우월해 보이는 사람을 봤을 때 분노를 느낄 수도 있다.

우리는 문화적 아이콘과 함께 있을 때 긴장이 되고 말문이 막히고 마음이 편치 않다. 이럴 때에도 우리는 적 이미지 영향 아래에 있다. 이 경우 우리의 판단은 긍정적이지만, 그럼에도 불구하고 이러한 생각들은 그 사람들과 우리를 단절시킨다.

공식적 중재에서, 중재자는 '적 이미지 프로세스(Enemy Image Process, EIP)'를 이용하여 중재자 자신이나 의뢰인들이 갈등 속에서 더 열린 마음으로 현존할 수 있도록 준비한다. 의뢰인과 만날 때 우리는 그들에 대한 평가나 이미지를 가질 수도 있다. '그는 나쁜 사람이야.'라거나 '그녀는 절대 바뀌지 않을 거야.'라는 생각을 할 수도 있고, 혹은 '이 사람은 나보다 훨씬 똑똑하고 이해도 잘해.'라는 식으로 생각할 수도 있다. 이런 생각들은 우리가 원하는 방향으로 중재가 진행되도록 하는 것을 어렵게 만든다. 이럴 때 우리는 자신의 적 이미지를 다루기 위해 적 이미지 프로세스를 행할 수 있다. 또한 중재자는 갈등의 각 당사자가 중재 과정을 준비할 수 있도록 사전 중재를 할 수도 있다. 이때 각 당사자가 가진 적 이미지를 전환함으로써 중재에 참가하도록 지원한다.

아래는 적 이미지 프로세스의 기본적인 적용을 보여 준다. 자기 공감 작업의 한 부분으로 활용하거나, 대화를 준비하기 위해 우리 자신의 판단들을 번역하는 데 사용한다.

적 이미지 프로세스

1. 자기 공감. 자신의 경험과 욕구에 연결하기(관찰, 느낌, 욕구)
2. 상대 공감. 상대편의 경험과 욕구에 연결하기(관찰, 느낌, 욕구)
3. 욕구를 충족할 수 있는 새로운 가능성의 출현(부탁)
    a) **배움** 그 상황에 대해 내가 지금 어떻게 느끼는지 확인한다. 그것과 관련하여 변화를 경험했나? 새로운 아이디어가 있나?
    b) **계획** 향후를 위한 계획은?
    c) **연습** 다음 만남을 준비하기 위해 스스로 연습하고 싶은 것이 있는가?

순환

자신의 느낌, 욕구와 연결되면 더 많은 평가와 판단을 알아차릴 수 있다. 그렇게 되면 자신의 생각을 관찰하는 것과 느낌·욕구와 연결하는 것 사이를 왔다 갔다 반복하는 순환이 생긴다. 상대방의 욕구를 공감하는 동안 자극을 받고 더 많은 평가나 감정적 반응이 일어날 수도 있다. 그럴 때에는 1번으로 돌아가 자신의 욕구와 연결될 때까지 충분히 자기 공감을 한다. 그리고 나서 다시 2번, 즉 상대 공감을 시도한다. 필요에 따라 앞뒤로 왔다 갔다 반복하는 순환을 한다. 이 순환은 1번, 2번, 3번 사이에도 일어날 수 있다.

적 이미지 프로세스 연습하기

1단계: 자기 자신을 공감하기(관찰/느낌/욕구)

a) **관찰**: 마음에서 일어나는 것을 관찰하여 말한다.

- 일어난 일, 사실, 행동을 간단히 묘사한다.
- 그렇게 됐어야 해/그렇게 되지 말았어야 해, 무엇이 옳은지/무엇이 그른지, 무엇이 좋은지/무엇이 나쁜지에 대한 자신의 생각, 판단, 평가, 강요를 묘사한다. 지금 그 사건을 떠올릴 때, 마음에서 일어나는 생각들을 관찰한다. 그 생각들을 검열하지 않으면서, 자유롭게 흘러가도록 놓아둔다.

b) **느낌**: 몸에서 느껴지는 것을 말한다.(생각과 구별하기)

- 그 일을 생각할 때 지금 어떤 느낌인가?(그 일이 일어났을 때 어떤 느낌인지가 아니라)
- 내면의 생동하는 느낌과 감각, 정서가 아닌 생각을 나타내는 '가짜 느낌말'을 사용하고 있는지 주의한다. 도움이 된다면 매뉴얼에 있는 느낌 목록을 사용하라.
- 또한 시간을 가지고 조용한 장소에서 지금 느낌이 어떤지 느껴 본다. 단지 머리로 느낌에 이름을 다는 것이 아니라, 몸에서 실제로 느껴지는 것을 경험하기를 제안한다.

c) **욕구**: 이 일과 관련해 자신의 어떤 욕구가 충족되지 않고 있나?

- 상대방의 말이나 행동, 자신의 생각이나 느낌과 관련하여 그와 연결된 자신의 욕구를 알아본다. 욕구 단어나 표현 중 자신의 마음에 가장 와닿는 것은 무엇인가?
- 보편적인 욕구와 구체적인 수단/방법을 혼동하지 않도록 유념한다. 도움이 필요할 경우, 욕구 목록을 사용한다.
- 다시 강조하건대, 열린 마음, 이완, 부드러움, 평화, 연민, 자신 및 상대방과의 연결 등과 같이 자기 몸에서 질적인 '전환'이 일어나는 것을 알아차릴 때까지 자신의 마음에 가장 와닿는 단어를 찾으면서 자기 몸에서 어떤 반응이 일어나는지 충분히 느낄 수 있도록 여유를 가지기를 제안한다.
- 자신의 욕구와 부합하는 단어를 찾았다면 그 욕구와 더 깊이 연결하고 음미해 보라. 그 욕구들이 자신에게 얼마나 중요한지, 자기 삶을 얼마나 풍요롭게 하는지 떠올리며 즐겨 본다.

2단계: 상대편을 공감하기(관찰/느낌/욕구)

a) 상대편의 욕구 추측하기

- 상대편이 그런 방식으로 행동하면서 충족하고자 했던 상대방의 욕구는 무엇이었을까?(상대편이 그런 방식으로 행동했다는 것은 나의 판단이다.) 필요하다면 욕구 목록을 참고한다.
- 정확성에 대해서는 걱정하지 않는다. 우리가 추측을 하는 목적은 상대방의 진짜 욕구가 무언지 알려는 것이라기보다는, 같은 인간으로서 상대편의 욕구에 주의를 기울이고 내 안에서 연결과 연민이 생겨나도록 하는 것이다.
- 몸에서 어느 정도 변화가 생겨서 연결과 연민이 느껴질 때까지 계속 상상하고 궁금해 하라. 다시 돌아가 그 상황에서 충족되지 않는 자신의 욕구와 다시 연결하는 것이 필요한 때도 있을 것이다.

b) 상대편이 인식하고 생각하고 느끼는 것을 추측하기
- 그 행동을 할 때 그 사람의 인식, 생각, 느낌을 추측하는 것이 도움이 될 수 있다.
- 필요하다면 느낌 목록을 활용한다.

3단계: 배움, 계획, 연습

- 자신에게 혹은 타인에게 하는 구체적이고, (내가 원하지 않는 것이 아니라 내가 원하는) 실행 가능한, 행동 언어로 표현된 부탁을 찾아본다. 자신의 욕구(자신을 돌보고자 하는 욕구와 상대방을 돌보고자 하는 욕구)를 충족하기 위해 나 자신이나 상대방이 할 수 있는 것은 무엇인가?
- 어떻게든 부탁을 생각해 내려고 무리하게 애쓰기보다는, 자신의 욕구에 주의를 두고 그 욕구와 연결하면서 부탁이 자연스럽게 떠오르는지 본다.
- 실제 상황에서 그 사람에게 어떻게 말할지, 상대편은 어떻게 반응할지, 그러고 나서 나는 그 반응에 어떻게 다시 반응할지 등을 계획하고 연습할 수 있다.
- 또 다른 방법은 다른 사람과 대화를 위한 계획과 연습을 촉진하는 역할극을 하는 것이다.

사례 연구: 적 이미지 프로세스

다음은 적 이미지 프로세스를 중재자 자신에게 활용하는 사례이다.

나는 지금 한 부부와 중재를 마치고 집에 돌아가는 길이다. 이들과 할 다음 중재를 생각하면서 그의 부인에 대한 나의 적 이미지를 떠올려 본다. 이 적 이미지가 나와 그녀의 연결을 방해하리라는 것을 나는 알고 있다. 그녀는 자신의 파트너에게 중재 중에 이렇게 말했다. "당신은 결코 충분히 할 수 없을 거야. 더 노력해야 해. 하지만 난 당신을 용서하지 않을지도 몰라." 나는 뭔가 불편함을 느꼈고, 나와 내 의뢰인들에 대한 비판적 생각이 있다는 것을 알아차렸다. 그래서 적 이미지 프로세스를 하기로 결정한다.

1단계

내게 떠오른 생각들은 이런 것들이다. '난 이제 더는 못 참겠어. 그녀는 어떻게 자기 남편에게 그렇게 말할 수가 있지? 그녀 때문에 이 부부는 절대 다시 연결될 수 없을 거야. 남편을 비난하고 있잖아. 내 능력으로 이 부부를 돕는 건 불가능해. 이들의 갈등은 너무나 심각해.'
절망스럽다. 내가 현존할 수 있다는 신뢰가 필요해. 이 부부가 주고받는 말을 들었을 때 난 슬프고 좌절감이 든다. 내가 원하는 것은 모두가 존중받고 보살핌을 받는 것이다. 또 변화가 가능하다는 믿음이 필요해. 내가 가진 경험과 기술을 신뢰하고 싶고 그들을 도울 수 있으리라는 믿음도 필요하다. 나는 최선을 다하고 싶다. 그리고 대화의 결과에 집착하지 않거나 결과에 대한 책임을 가볍게 지면서 이 중재에 관련된 사람들과 책임을 나누고 싶다.

2단계

내 욕구가 분명해졌고 그 결과 나 자신과 좀 더 연결된 느낌이 들고 나서, 나는 내 의뢰인 특히 그 부인에게 무엇이 일어나고 있는지 궁금해졌다. 그녀는 "당신은 결코 충분히 할 수 없을 거야. 더 노력해야 해. 하지만 난 당신을 용서하지 않을지도 몰라."라고 말했다. 그녀가 절망하고 있고 과거 있었던 일들에 대한 치유를 원하는 건 아닐까 추측이 된다. 또 그녀가 원하는 것은 공감, 자신의 말이 들리고 이해받는 것일지도 모른다. 또한 이 중재로 자신이 편안해질 거라는 신뢰를 원하는 것 같다. 그녀의 마음이 두 갈래일지도 모른다. 왜냐하면 한편으로는 지금 자신의 경험이 얼마나 고통스러운지 솔직하게 말하고 싶기도 하고, 중재의 전 과정에 대해 품고 있는 의구심에 스스로 솔직해지고 싶을 수도 있기 때문이다.

3단계

이 대화에 대해 스스로 좀 더 마음이 편해지고 나니, 이 중재를 진행하는 데 도움이 필요하다는 것을 깨달았다. 다음 주 중재 연습모임(3인 1조)에서 이걸 가지고 연습하자고 요청해 봐야겠다. 그래서 내가 좀 더 상황을 이해하고, 이 부부를 어떻게 잘 도울 수 있는지에 대한 아이디어를 얻을 수 있으면 좋겠다.

적 이미지 프로세스 역할극

적 이미지 프로세스를 활용할 수 있는 또 다른 방법은 연습 파트너 혹은 의뢰인과 함께 역할극을 하는 것이다. 중재자 자신이 적 이미지를 가지고 있을 때와, 적 이미지를 가진 사람을 돕는 입장에 있을 때 역할극을 이용할 수 있다. 공식 중재에서 분쟁자 중의 한 사람과 사전 중재를 할 때, 또는 코치 역할을 할 때 역할극은 유용할 수 있다.

- p.106에 있는 적 이미지 프로세스의 3단계를 사용한다.
- 자신이 코치 역할을 하고, 함께 연습하는 파트너는 의뢰인 역할을 한다고 가정한다. 적 이미지를 가진 의뢰인이 지원을 요청하여 나는 그 의뢰인과 적 이미지 프로세스 역할극을 하기로 한 상황이라고 가정을 한다.
- 역할극의 첫 번째 단계에서, 의뢰인은 상대방에 대한 그의 비판적 생각(그 사람에 대해 가지고 있는 적 이미지)을 표현한다. 이런 생각들 중 많은 것이 의뢰인이 인정하기 민망하거나 부끄러운 것일 수 있다. 의뢰인은 그 말을 소리 내어 말하기 전에 코치에게 공감을 받아야 할 수도 있다. 의뢰인은 또한 코치가 그 비판적 생각들을 기억하기보다는 그 생각들을 충족되지 않은 욕구로 전환하여 기억할 것이라는 말을 반가워할 수도 있다. 각각의 비판적 생각 속에는 마음 따뜻하고 힘이 나는 욕구가 있다. 이 안전한 공간에서 의뢰인이 이야기를 하게 하여 비판적 생각이 흘러나오도록 격려한다.(마셜 로젠버그는 이것을 "자칼이 밖으로 나와 춤추게 하라."라고 표현했다. 자칼은 우리를 자기 자신으로부터, 그리고 다른 사람으로부터 단절시키는 언어를 비유적으로 상징하

는 것이다.)

- 코치는 우선 의뢰인의 상대방(의뢰인이 적 이미지를 가지고 있는 사람) 역할을 한다. 코치는 상대방 역할을 하면서 의뢰인을 공감한다. 코치의 역할은 의뢰인이 상대방에 대해 가진 각각의 판단 뒤에 있는 욕구를 찾을 수 있도록 돕는 것이다. 이를 위해서 판단과 관련된 관찰, 각각의 판단을 생각할 때 일어나는 느낌, 그리고 그 판단들이 나타내고자 하는 충족되지 않은 욕구를 찾는 것이 도움이 될 수 있다.
- 의뢰인이 충분하다고 여길 때까지 계속한다. 각각의 적 이미지가 욕구로 번역되도록 한다. 이때쯤 되면, 의뢰인은 상대방에 대해 더 이상 할 말이 없게 된다.

2단계

- 역할을 바꾸어, 이번에는 의뢰인이 상대방 역할을, 코치는 의뢰인 역할을 한다.
- 상대방 역할을 맡은 의뢰인은 상대방이 자신에 대해 가지고 있다고 생각되는 판단을 모두 이야기한다. 의뢰인은 마치 자신이 상대방인 것처럼 1인칭으로 말한다. 자신이 들은, 상대방이 자신에 대해 했던 말을 모두 말하거나, 상대방이 다른 사람들에게 말했을 것으로 보이는 말을 추측하거나, 상대방이 생각하고 있을 것으로 여겨지는 것을 추측해 본다.
- 코치(의뢰인 역할)는 의뢰인이 상대방 역할을 하면서 하는 말을 듣고 공감한다. (상대방 역할을 하는) 의뢰인이 충분하다고 여길 때까지 계속한다.

3단계(배움, 계획, 연습)

- **배움**: 의뢰인이 충분히 했다고 감지가 되면, 진행된 과정을 되돌아보게 한다. 다음과 같은 질문을 할 수 있다. "어떠셨나요?" "이 프로세스를 시작했을 때와 지금 사이에 어떤 차이가 느껴집니까?" "이 프로세스를 하면서 무엇을 배우셨나요?"
- **계획**: 배운 것을 되돌아본 후, 의뢰인들은 대개 그들이 상대방과 처한 상황에 대해 무엇을 하고 싶은지에 대해서 이야기하기 시작할 것이다. 이는 이 과정이 세상을 새로운 눈으로 볼 수 있게 한다는 것을 의미한다. 코치는 이제 자신의 기술을 이용해 의뢰인이 스스로에게 하는 해결 부탁(p.88 참고)을 하고 계획을 세울 수 있도록 돕는 위치에 있게 된다. 계획은 결국 의뢰인이 자기 자신에게 하는 부탁들이다.

배움의 순환(작은 순환)

우리가 타인과의 관계에서 일어난 일로 무엇인가를 배울 때, 우리의 주의를 욕구를 충족하는 데 두면 우리가 이 세상에서 존재하는 방식도 변화한다. 우리 대부분은 자신이 속한 문화로부터 욕구를 충족하는 방식이 아니라 처벌과 비난을 피하는 법을 배운다. 처벌을 피하려는 충동과 우리 욕구를 충족하고자 하는 충동은 두 개의 서로 다른 배움의 순환 또는 피드백 고리라고 할 수 있다.

우리 대부분이 어린 시절 주입받은 배움의 순환은 다음과 같이 예측 가능한 패턴을 가진다. 첫째, 우리는 무언가를 한다. 그러고 나서 우리와 우리 주변의 타인들은 그것이 칭찬받을 만한지, 아니면 비난이나 벌을 받아야 하는지 분석, 진단, 판단한다. 여기에 잠재된 메시지는 무슨 수를 쓰든 비난과 벌을 피하라는 것이다.

NVC는 대안적인 배움 순환을 제시한다. 첫째, 우리는 무언가를 한다. 그러고 나서 우리와 타인들은 이 행동이 우리의 욕구와 상대방의 욕구를 충족했는지를 살핀다. 마지막으로, 이를 통해 우리는 앞으로 어떻게 욕구를 더 잘 충족할 수 있는지를 배운다. 옆의 그림은 이 긍정적인 피드백 고리이다. 나선형으로 표현한 이유는, 고리의 각 단계를 돌아 다시 '행동하기'로 돌아오지만 전과 같은 곳으로 되돌아온 것이 아니라 배움을 통해서 만들어진 새로운 곳으로 가기 때문이다.

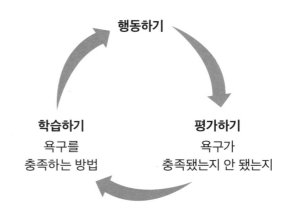

📍 애도/축하/배움
(MCL: Mourn/Celebrate/Learn)

자기 작업을 하든 다른 사람을 돕든, 우리는 다른 사람과의 어려운 대화에는 한 쌍의 북엔드가 있는 것으로 생각한다. 대개는 앞으로 있을 대화를 준비하기 위해 적 이미지 프로세스(EIP)를 활용한다. 그 후, 애도/축하/배움 프로세스(MCL)를 사용해 일어난 일을 돌아보고 평가한다.

그 대화를 되돌아보면서 우리는 일어난 일과 우리와 다른 사람들이 한 일에 대한 우리의 생각이나 느낌에 주의를 기울인다. 우리는 종종 비난과 평가로 판단을 먼저 하기 때문에, 우리는 먼저 충족되지 못한 욕구를 확인하고 애도한다. 둘째로, 우리는 축하한다. 그 대화에서 우리나 다른 사람이 한 말이나 행동 중 마음에 드는 것을 찾고 충족된 욕구를 확인한다. 이때 우리는 결과적으로는 충족되지 않았지만 우리나 다른 사람이 충족하고자 했던 욕구에 대해서 축하할 수 있다. 또한 이번 일을 통해 앞으로 어떤 욕구를 충족할 수 있는지 생각해 볼 수 있다. 마지막으로, 우리는 이 모든 과정을 통해 배우고 앞으로 우리의 욕구를 더 잘 충족하기 위해 어떻게 할지 계획을 세운다.

애도/축하/배움(MCL)은 과거에 일어났던 일, 내가 한 일, 상대방이 한 일에 대한 판단에서 벗어나 우리와 우리를 둘러싼 이들의 욕구를 충족하는 데 초점을 맞출 수 있도록 도와주는 강력한 프로세스이다. 이 프로세스는 중재나 어떤 경험 후에 자신이나 자신이 한 선택에 대해서 판단하는 생각이 떠오를 때 스스로를 돌보는 데에도 활용할 수 있다. 애도/축하/배움 프로세스(MCL)를 적용하는 과정에서 우리는 자신이 했던 대화에서 배우고, 욕구를 충족하기 위한 다음 행동을 결정할 수 있다.

애도/축하/배움(MCL)

이 프로세스의 핵심은 아래의 1번부터 3번까지의 과정을 순환하는 데에 있다.

1. **애도** 그 상황에 대한 생각과 느낌을 알아차린 뒤, 우리의 행동이나 일어난 일로 인해 충족되지 않은 욕구를 찾아간다.
2. **축하** 우리가 한 일이나 일어난 일 중에 마음에 들었던 것을 떠올리고, 그때 충족된 욕구와 충족하려 했던 욕구를 찾아 음미한다.
3. **배움** 일어난 일에서 배우기(좀 더 효과적으로 욕구를 충족하기 위한 새로운 수단/방법)
   a) 배움: 지금 내가 알게 된 것을 가지고 그 상황에서 내가 어떻게 다르게 행동할 수 있었을까?(사후 리허설)
   b) 계획: 향후를 위한 계획은?
   c) 연습: 내가 원하는 것을 가능하게 하기 위해서 어떤 연습을 하고 싶은가?

사례 연구: 애도/축하/배움 프로세스

중재자가 스스로 애도/축하/배움 프로세스를 하는 사례를 아래에 제시했다.

중재 의뢰인들과 힘겨운 전화 통화를 하고 나면 나는 대개 짜증이 난다. 이 느낌에 주의를 기울인 나는 내 안에 이런 생각이 있다는 것을 알아챘다. "난 중재를 정말 못해." 그리고 "난 중재자 일을 계속해선 안 돼." 내가 이런 생각들을 하고 있다는 것에 내 의식의 중심을 둘 때 나의 온갖 짜증이 합쳐져 좌절감, 속상함, 실망감이 된다는 것을 알게 된다. 내가 이런 식으로 느낄 때 충족되지 않는 내 욕구는 무엇인지 스스로에게 묻는다. 내가 바라는 방식으로 기여하고 싶은 욕구가 충족되지 않았기 때문에 좌절한다는 것을 알게 되었다. 그러자 떠오르는 대화의 장면이 있다. 나는 그에게 존중과 배려가 필요한 거냐고 물었고, 그는 짜증 섞인 목소리로 "아니, 아니에요. 존중은 확실히 아니거든요."라고 답했다. 이 말을 들은 뒤부터 난 그와의 사이에서 거리감을 느꼈다. 이 거리감은 대화가 끝날 때가지 지속됐다. 나의 불편함은 나의 판단 때문이었다는 것을 깨달았다.

나는 그 사람과 연결되었다는 느낌을 원했어. 연결하려는 나의 노력이 기대한 만큼 받아들여지지 않아서 속상하다. 어느 정도 연결되고 기여할 수 있기를 바랐는데 그렇지 않아서 실망스럽다. 내가 충족하고 싶었던 그러나 충족하지 못한 욕구들과 연결되기 시작하면서 나의 느낌에 변화가 생겼다. 좌절감이 들고 속상하고 실망스럽기보다는 슬픔이 더 느껴지기 시작했다. 이 슬픔은 후회와 애도에 더 맞닿아 있다. 내가 바랐던 연결과 기여의 기회를 놓친 것에 대한 애도이다.

애도/축하/배움 프로세스(MCL) 중 애도를 하고 나니 마음이 누그러지고 흡족하다. 하지만 나는 프로세스의 두 번째 단계 즉 내가 충족한 욕구 혹은 적어도 충족하려고 했던 욕구를 축하하는 단계가 있다는 것도 잊지 않고 있다. 이 두 번째 단계를 떠올리는 순간 스스로에게 이렇게 묻는다. '내가 한 행동이나 타인의 행동으로 충족된 나의 욕구는 무엇인가?' 바로 떠오른 것은 기여의 욕구가 부분적으로는 충족되었다는 것이다. 나는 사람들이 서로 갈등 상태에 있을 때 그들 모두를 도우려 했던 나의 의도에 감사한다. 우리 모두가 받았으면 하는 지원을 하려고 했던 나의 시도, 노력에 스스로 만족스럽다. 그리고 대화 중 지금까지 내가 배운 것을 시도했던 순간을 축하하고 있음을 알게 되었다. 내가 그런 것들을 시도했다는 사실에 기분이 좋다. 전반적으로 내가 한 방식들이 마음이 든다. 대화를 막 시작할 무렵에 자기표현을 하면서 끼어들기를 했던 방식이 좋았다.

대화 중간에 여러 번 그들끼리 이야기할 때 내가 자극받은 것을 알아차렸다는 것이 기억났다. 예전 같았으면 그런 상황에서 난 그들에게 뭔가를 말하고 뒤늦게 후회를 했을 것이다. 하지만 이번에는 자극받은 것을 알아차리고 나 자신과 다시 연결하였고, 이제는 다시 되돌아보고 배울 수 있는 다른 선택을 할 수 있게 되었다.

앞에서 말한 것들이 애도/축하/배움 프로세스(MCL)의 세 번째 단계인 배움의 국면으로 연결된다. 애도와 축하를 통해 내가 배운 것들을 떠올린다. 비록 내가 원하는 방식으로 상호작용이 이루어지지 않은 경우도 많지만 내가 했던 것 중에 마음에 드는 것도 있다. 애도와 축하 모두를 살펴보니 다음번 중재에서 다르게 말하고 싶은 것은 없는 것 같다. 그러나 내적으로 다르게 반응할 수 있기를 바란다. 그러기 위해서 연습이 필요하다는 걸 알고 있다. 그래서 나는 2인 1조 연습 파트너와 이번 사례로 역할극을 하면서 "아니, 아니에요. 존중은 확실히 아니거든요."라는 똑같은 말을 들었을 때 자기 공감 연습을 하겠다.

배움의 순환(더 큰 순환)

애도/축하/배움 프로세스(MCL)의 일부로 서술된 배움의 순환과 비슷한 것이 중재 과정 전체에도 적용될 수 있다. 이는 중재 시작 전에 적 이미지 프로세스를 하며 대화를 준비하는 것으로 시작하여, 실제로 중재를 하고, 중재에서 있었던 일들에 대한 애도/축하/배움 프로세스를 거치면서 배우는 것까지를 의미한다. 애도/축하/배움에서 얻은 교훈은 다음에 있을 또 다른 대화를 준비하는 데에 활용된다. 이 과정 역시 나선형으로 이해될 수 있다. 즉, 우리는 매번 동일하지만 새로운 위치에 서 있게 되는데 이는 우리가 이 프로세스를 통해 새롭게 배우고 성장하기 때문이다. 이런 맥락에서 실패란 존재할 수가 없다. 오로지 행동하고 배우며 다음번 또 다른 행동을 준비하는 과정의 반복이 있을 뿐이다.

사전 중재와 사후 중재

사전 중재는 본 중재에 앞서 갈등의 당사자들과 적 이미지 프로세스(EIP)를 할 수 있는 기회로, 일대일 전화 통화나 직접 만남으로 진행된다. 사전 중재는 또한 그들의 기대와 질문에 답을 하는 시간이기도 하다. 개입 요청한 사람이 분쟁의 한쪽 당사자일 때, 개입 요청 전화와 사전 중재가 동시에 이루어지기도 한다. 이때에도 별도의 사전 중재 전화 일정을 잡을 수 있다.

적 이미지 프로세스(EIP)를 통해 지금 자신이 서 있는 위치를 파악할 수도 있다.

중재자에게 적용되는 사후 중재 실습들은 다음의 「중재자의 자기 돌봄」 부분에서 언급할 것이다. 중재를 끝마친 후에 분쟁 당사자 중 한 사람이나 그 이상의 사람을 만날 수도 있다. 중재자는 피드백을 받기 위해 혹은 중재에서 합의한 것을 마무리하기 위해 분쟁 당사자들과 접촉할 수 있다. 또한 당사자 중 어느 누구라도 비슷한 이유로 중재자에게 연락할 수도 있다.

여기에서 관건은 사람들이 자기 자신 그리고 다른 사람(들)과 다시 연결될 수 있도록 돕고 이를 통해 그들이 배움의 순환 안으로 들어가 다음 단계들을 준비할 수 있도록 지원하는 것이다.

애도/축하/배움의 순환은 중재와 같은 한 행사가 끝난 뒤 행해진다. 당신을 만나러 온 그 사람은 자신의 욕구가 충족된 부분들을 축하하고, 충족되지 않은 것들에 대해서는 애도를 하고 싶어 할 수 있다. 이러한 축하와 애도의 시간을 통해 우리는 우리 자신과 상대방에 대한 사회적으로 조건화된 판단에서 벗어나 욕구를 더 잘 충족할 방법을 배우는 상태로 갈 수 있다.

중재자의 자기 돌봄

자기 돌봄이란 〈삶을 중재하기—NVC Mediation〉 방식을 활용하여 우리가 고통스러울 때 자기 자신을 돌보고 자신의 욕구가 충족되었을 때 이를 축하하는 것을 의미한다. 중재자의 자기 돌봄에서는 중재를 하기 전에, 중재를 하는 중에, 중재를 하고 나서 중재자가 갈등 당사자들에 대한 자신의 판단과 반응을 다룬다.

적 이미지 프로세스(EIP)와 애도/축하/배움 순환(MCL)을 통해 우리는 스스로를 중재자로 자리매김할 수 있다. 이 작업을 하기 위해 동료의 지원을 요청할 수도 있다. 동료에게 도움을 요청하는 것은 가장 잘 활용되지 않는 기술 중 하나이다.

중재자의 자기 돌봄에 관한 더 많은 정보는 존과 아이크가 쓴 다음의 글에서 찾을 수 있다. "Becoming a Better Mediator by Mediating Your Internal Dialogue"(p.162 "참고 자료" 참조)

5

통합적 틀:
다른 지도들

 중재자가 갈등의 한 당사자인 경우의 중재 모델(IPM)

중재자 자신이 갈등의 한 당사자로서 중재를 해야 하는 상황(나와 다른 사람 사이를 중재하는 상황)이 있다. 이때 중재자는 중재 기술과 프로세스를 적용하는 데 종종 어려움을 겪는다. 중재자는 두 가지 역할을 해야 한다. 자기 자신의 어려움인 갈등의 역동 속에 휩싸여 있으면서 연결과 소통을 위한 노력까지 해야 하는 것이 중재자가 겪는 어려움이다.

중재자가 갈등의 한 당사자인 경우의 중재 모델(Interpersonal Mediation Model, IPM)

1. 자기 연결 프로세스(SCP)
2. "그 메시지를 '부탁please'으로 들을 수 있나?"라고 자신에게 묻는다.
    a) "부탁합니다." = "저에게는 충족되지 않은 욕구와 부탁이 있습니다."
    b) "감사합니다." = "저에게는 충족된 욕구가 있어서 감사합니다."
3. (할 수 있다면) 상대방 공감에 초점을 둔다.(상대 공감하기-침묵으로 혹은 소리 내어)
4. 자기 공감에 초점을 둔다.(자기표현과 연결 부탁)
5. 해결 부탁과 합의
    a) 현재 시제로, 긍정적인 행동 언어로(구체적인)

4단계 치유와 화해 모델
Healing and Reconciliation Model

NVC의 창시자인 마셜 로젠버그는 과거의 감정적 상처를 다루기 위한 4단계 치유와 화해(H&R) 모델을 개발했다.

코칭이나 사전 중재, 중재 세션 등에서 NVC 중재를 할 때 많은 경우 다른 사람과의 관계에서나 자기 내면에서 감정의 치유와 화해가 일어나는 측면이 있다. 갈등의 한 가지 측면은, 갈등은 욕구를 충족하기 위한 신념/방법이 충돌할 때 발생한다는 것이다. 갈등의 또 다른 측면은, 갈등은 마음의 상처와 고통을 자극한다는 것이다. 갈등 당사자들은 양쪽 모두가 종종 상대방의 행동으로 인해 마음의 상처를 받는다. 때로는 두 사람 중 한 사람이 상대방에게 상처를 준, 자극이 되는 '행동을 한 사람(Actor)'이고, 다른 한 사람은 그 행동으로 '영향을 받은 사람(Receiver)'이라는 데에 양쪽 다 동의하기도 한다. 도미니크 바터는 회복적 서클(RC)에서 "행동을 한 사람"과 "영향을 받은 사람"이라는 말을 만들었다.

 치유와 화해의 4단계

1. **공감** 리시버(Receiver: 영향을 받은 사람)가 자기표현을 한다. 감정적 상처와 고통을 준 액터(Actor: 행동을 한 사람)는 리시버를 공감한다.
2. **애도** 액터가 리시버에게 애도를 표현한다.
3. **이해** 액터가 그 행동을 함으로써 충족하려고 했던 자신의 욕구를 표현한다. 이는 리시버의

이해의 욕구를 충족시키기 위한 것이다. 단, 리시버가 듣고 싶다고 표현할 때에만 한다.

4. **치유와 회복적 행동** 액터와 리시버가 함께 치유와 화해에 도움이 되는 부탁과 행동을 찾는다. 액터는 미래에 그들의 욕구를 충족하기 위한 더 효과적이고 대가가 덜 드는 방식을 사용한다는 데 동의한다.

치유와 화해 모델의 4단계에 대한 보충 설명: 각 단계를 진행하는 방법

1단계: 공감

액터는 리시버를 공감한다.(공감의 4요소 이용)

a) 리시버는 액터에게 자신의 상처와 고통을 표현한다.

b) 액터는 리시버가 하고 싶은 얘기를 다 했다고 말할 때까지 계속 공감을 한다. 액터는 리시버가 더 말하고 싶은 게 있는지, 그가 원하는 만큼 충분히 이해받았다고 느끼는지를 여러 번 물어보게 될 수도 있다.(예: "제게 더 하시고 싶은 말씀이 있나요?") 만약 상대가 망설이는 것 같으면, 이 단계(1단계)에 머물 것을 추천한다.

2단계: 애도

액터는 리시버에게 애도를 표현한다.

a) 액터는 "선생님 말씀을 듣고 제가 어떤지 들어 볼 마음이 있으세요?"

b) 액터는 진심 어린 슬픔과 후회 등을 표현한다. 다음은 우리가 확인한 3가지 유형의 애도 사례이다.

  i. "선생님 고통을 보면서, 제가 슬퍼요/마음이 아파요."

  ii. "제 행동이 선생님께 어떤 영향을 주었는지 볼 때, 슬퍼요/마음이 아파요."

  iii. "선생님께서 받으신 영향을 볼 때, 얼마나 저의 가치와 부합되지 않는지 알게 되어, 슬픕니다."

c) 액터는 "제 이야기 듣고 어떠세요?"와 같은 연결 부탁을 하면서 애도를 마친다. 리시버가 고통을 표현한다면, 1단계로 돌아가서 리시버를 공감한다.

3단계: 이해

액터는 그 행동을 했을 때 충족하려 했던 욕구를 표현한다. 액터가 리시버의 이해의 욕구를 충족시키려는 것이 이 단계의 목적과 의도이다.

a) 액터는 "제가 그 행동을 했을 때, 그 당시에 저한테 무슨 일이 있었는지 들어 볼 마음이 있으세요?"와 같은 말로 묻는다.

  ⅰ. 리시버가 "아니오."라고 말하거나 어떤 식으로든 주저하는 것처럼 보이면, 1~2단계로 되돌아가거나 4단계를 진행한다.

  ⅱ. 만약 리시버가 "네."라고 말하면, 액터는 그 행동을 했을 때 충족하려고 했던 욕구를 표현한다.

b) 액터는 충족하려고 했던 욕구를 표현한 후에, 그 욕구와 애도를 함께 표현할 수도 있다.

(예: "제가 그 행동을 했을 때, 저는 _____(욕구)_____가 충족될 거라고 믿었어요. 그런데, 그 방법이 선생님께 고통이 되었다니 너무 슬퍼요.")

c) 액터는 연결 부탁을 하여 자신의 말을 듣고 리시버가 어떤지 확인할 수도 있다.

(예: "제 의도대로 전해졌는지 알고 싶어서 그러는데, 제가 말씀드린 것을 들은 대로 말씀해 주시겠어요?")

4단계: 치유와 회복적 행동

액터와 리시버는 치유와 회복적 행동을 함께 찾는다.

a) 치유와 연민으로 주고받는 데 도움이 되는 구체적인 행동 부탁을 한다.

예를 들자면, 리시버는 다음과 같이 말할 수 있다. "당신에게 내가 얼마나 소중한지 말해 줄래요?" "우리 관계를 회복하기 위해 제가 할 수 있는 일이 무엇인지 말씀해 주시겠어요?" "우리가 이 일로 어떻게 배울 수 있는지 함께 이야기해 볼까요?"

b) 액터는 자신의 욕구를 충족하는 데 더 효과적이고 대가를 적게 치르는 방법을 찾는다.

(예: "앞으로 제가 선생님께 화가 나거나 감정이 상했을 때, 바로 가서 직접 말씀드릴게요. 이건 어떠세요?")

치유와 화해 4단계 모델을 활용하는 다섯 가지 방법

1. 회복하기(Making Amends, MA)

내가 다른 사람에게 상처를 준 액터라고 인식되는 상황에서 그 사람과 관계를 회복하기를 바랄 때, 치유와 화해 모델의 4단계를 활용할 수 있다. 나 자신이 '회복하기(MA)'를 원하는 상황이라면, 나 또한 일어난 일로 인해 고통을 겪고 있기 마련이다. 만일 내가 그 고통을 그대로 가진 상태로 상대방과 대화를 한다면, '회복하기(MA)'를 효과적으로 사용하기 어려울 수 있다. 그러므로 내면 프로세스를 통해서, 혹은 다른 사람의 지원을 받아서 액터인 내가 먼저 공감의 욕구를 충족하는 것이 꼭 필요하다. 액터인 내가 공감을 받고 나면, 자극받지 않으면서 리시버를 공감으로 경청할 수 있다. 또한 연결과 치유가 일어나는 방식으로 리시버를 공감해 줄 수도 있게 된다.

2. 치유 역할극(Healing Role-Play)

내가 리시버로서 자신의 고통을 덜고 싶어서 연습 파트너와 함께 작업을 하는 경우, 파트너에게 액터 역할을 해 달라고 요청할 수 있다. 이 역할을 할 때 파트너는 '실제'의 액터처럼 하지 않는다. 그러는 대신에, 파트너는 자기가 가진 모든 기술을 이용해 마치 리시버인 나에게 '회복하기 (MA)'를 해 주는 것처럼 치유와 화해 모델의 4단계를 거친다. 이 역할극에서 나는 내 자신으로 역할을 한다. 1단계에서, 나는 가능하면 편집하지 않고 내 자신의 고통을 표현한다. 그러기 위해서는 내가 액터를 비난하더라도 나를 판단하지 않을 것이라고 신뢰할 수 있는 연습 파트너와 함께하는 것이 도움이 된다.

3. 회복하기 역할극(Role-Play for Making Amends) 연습

내가 누군가와 '회복하기(MA)'를 하기 위한 준비를 할 때, 내가 액터 역할을 하고 연습 파트너는 리시버 역할을 하면서 이 과정을 역할극으로 연습할 수 있다. 이때 나는 모의 비행의 모든 수단을 사용할 수 있다. 즉 자기 연결을 하기 위해 잠시 멈추고, 연습 파트너로부터 피드백을 받고, 난이도를 높이거나 낮추고, 다른 소통 방식을 찾아서 시도해 볼 수 있다. 이 연습은 여러모로 강도 연습과 유사해서, 파트너가 전달한 트리거에 대해 나 자신과 다시 연결하고 덜 민감해지는 데 도움이 된다.

4. 다른 사람들 사이의 치유와 회복을 중재하기

내가 중재자로서 두 사람 사이의 대화를 진행하는 중에 그중 한사람이라도 상대편에 의해 상처를 받았다고 인식하는 경우, 치유와 화해 모델을 사용할 수 있다. 양 당사자 중 적어도 한 사람이 자신을 리시버로, 상대방을 액터로 여기는 상황이다. 이런 상황에서는 대개 양쪽이 모두 자신을 리시버로, 상대방을 액터로 생각한다. 그럴 때 중재자는 누가 리시버 역할을 먼저 할지에 대한 동의를 받아야 한다. 아니면, 자신이 리시버라고 생각하는 당사자들을 중재자가 각각 따로 만나서 그 사람과 치유와 화해 역할극을 할 수도 있다.

중재 상황에서 치유와 화해 모델은 양쪽 당사자들의 동의를 얻었을 때에만 사용한다. 실제의 액터·리시버와 이 과정을 하기 위해서, 중재자는 진행을 할 때 대체로 매우 지시적일 필요가 있다. '지시적'이라 함은, 중재자가 때로는 양쪽 당사자들의 말을 중단시키고 그들이 치유와 화해 모델의 4단계에 머무르도록 요청할 수 있다는 것을 의미한다.

사람들이 치유와 화해를 요청하러 오는 경우는 아주 드물다. 사람들은 어떤 상황에 대해 상대방과 구체적인 합의를 하기 위해서 온다. 그러나 특히 오래된 관계에서는 마음에 품은 상처가 그러한 합의에 이르는 것을 방해할 수 있다. 중재를 준비할 때, 한쪽 혹은 다른 한쪽의 오래된 고통이 두 사람 사이의 연결과 해결로 나아가는 것을 막는다고 감지할 수 있다. 중재자는 경험상 이 상처가 다루어지기 전에는 그들이 원하는 결과에 도달할 가능성이 적다는 것을 알려 줌으로써 그 고통을 수면 위로 드러나게 할 수 있다.

프로세스를 시작하기 전에 중재자는 액터와 리시버에게 각자의 역할과 액터가 한 행동에 대한 동의를 받아야 한다.

5. 중재 체크리스트

치유와 화해 모델을 5단계 중재 모델과 통합하기. 5단계 중재 모델을 사용하여 상대방에게 상처를 받은 둘 이상의 사람들을 중재할 때, 중재자는 각 당사자를 위한 치유와 화해 모델의 4단계를 추적하는 내면의 체크리스트를 가질 수 있다.

2인 1조/3인 1조 연습: 치유와 화해

2인 1조 연습을 할 때, 한 사람은 행동을 한 사람(자신의 행동이 화해 프로세스의 주제가 되는 사람) 역할을 하고, 다른 한 사람은 영향을 받은 사람(희생자라고 느끼거나 부당한 대우를 받은 것처럼 느끼는 사람) 역할을 한다. 3인 1조 연습을 위해서는 제3자가 중재자를 한다.

2인 1조 연습을 위한 가이드라인

1. 행동을 한 사람은 영향을 받은 사람의 고통을 공감으로 듣는다.
2. 영향을 받은 사람의 공감에 대한 욕구가 충족된 것이 명확해지면, 행동을 한 사람은 스스로를 희생자로 여기는 사람에게 행한 자신의 행동의 결과로 인해 충족되지 않은 자신의 욕구를 애도하는 단계로 넘어간다.
3. 영향을 받은 사람은 종종 행동을 한 사람이 왜 그런 일을 했는지 물어본다. 이는 영향을 받은 사람이 왜 자신에게 그런 일이 일어났는지 이해하고자 하는 것으로 볼 수 있다. 즉, 이해할 만한 설명을 듣고 싶어 하는 것이다. 행동을 한 사람은 영향을 받은 사람이 고통을 받았던 그 행동을 했을 때 충족하려고 했던 자신의 욕구를 설명함으로써 이러한 이해를 돕는다.
4. 마지막으로, 연결과 공동체의 회복과 치유를 위한 행동을 제안한다.

내적 중재

중재 기술과 프로세스를 우리 스스로가 자신을 향해 하는 자기 판단에도 적용할 수 있다. 이는 우리 내면의 서로 다른 부분, 즉 우리 머릿속에서 서로 싸우는 목소리들을 중재하는 것이다. 내적 중재를 위한 두 가지 지도가 있다. 내면 중재 모델과 선택자-교육자 프로세스이다. 우리가 다른 사람과 겪는 갈등을 다룰 때 하듯이, 우리 내면의 서로 다른 부분들이 부딪치고 있을 때 갈등을 일으키는 자기 판단을 찾아보는 것이 매우 중요하다.

내면 중재 모델(IM)

내적 중재 지도 중 하나가 내면 중재 모델(Internal Mediation Model, IM)이다. 내면 중재 모델은 현재나 미래에 대하여 내적 혼란이 있는 갈등을 다룰 때 사용한다. 이 프로세스는 우리 안에 있는 서로 다른 목소리에 5단계 중재 모델을 적용하는 것이다. 각 목소리를 공감하고, 서로 들을 수 있게 초대하며, 어떤 해결책이 떠오르는지를 본다. 내면 중재 모델은 우리 행동에 크게 영향을 미치는데도 우리가 의식하지 못하고 있는 부분을 발견하고 작업하는 '그림자 작업(shadow work)'에도 효과적이다.

우리는 머릿속에 있는 목소리를 '의자에 앉혀' 봄으로써 이 지도를 배우고 연습할 수 있다. 역할극을 설정하여 자신의 머리에서 소용돌이치는 말/목소리를 당사자들에게 알려 준다. 당사자들은 자신이 그런 생각을 가지고 있다면 무엇을 하고 어떻게 반응할지에 기초해서 역할을 수행한다. 시간이 지나면, 목소리를 '의자에 앉히지' 않고도 이러한 머릿속 대화들을 곧바로 중재하는 방법을 배울 수 있다.

내면 중재 단계

1. 먼저 말하고 싶은 목소리(A) 공감하기

어떤 목소리를 먼저 말하고 싶은지 물어보고, 그 목소리 A를 공감의 4요소를 이용하여 공감한다. 이해를 반영하고 느낌과 욕구를 공감한다. 그 목소리의 이름을 물어보고, 그 역할과 기능은 무엇인지 물어보는 게 도움이 된다. 이것은 어두운 방에 누군가가 있는데 그게 누구인지 알아내려면 질문을 해야 하는 것과 같다. 그림자 작업에서 목소리 A는 외부 타인(external other)에 대한 반응(reaction)을 말한다.

2. 말하고 싶어 하는 두 번째 목소리(B) 공감하기

목소리 A가 말한 것을 듣고 목소리 B가 무슨 말을 하고 싶은지, 목소리 A가 들어 주기를 바라는 것이 무엇인지 물어본다. 공감의 4요소를 이용하여 목소리 B를 공감한다. 이해를 반영하고 느낌과 욕구를 공감한다. 이 목소리에게도 이름과 역할, 기능을 물어볼 수 있다.

- 때때로 들어 주기를 바라는 자아의 다른 부분들이 나타난다. 이런 일이 생기면, 각각의 목소리를 공감한다.
- 내면 중재(IM)로 그림자 작업을 할 때, 갈등이 있는 외부의 상대방은 자신 안의 한 부분(목소리 B)이 되고, 중재자는 목소리 B를 공감한다. 아니면, 외부 갈등 상황에 있는 사람 또는 유형 또는 역동과 어떤 식으로든 관련되어 있는 자신의 또 다른 부분 또는 부분들을 찾아본다.

3. 목소리 B가 목소리 A를 공감하도록 요청하기

목소리 B에게, 목소리 A가 한 말과 욕구를 목소리 A에게 반영해 달라고 요청한다.

4. 목소리 A가 목소리 B를 공감하도록 요청하기

목소리 A에게, 목소리 B가 한 말과 욕구를 목소리 B에게 반영해 달라고 요청한다.

- 말하는 목소리가 둘 이상이라면, 갈등을 겪고 있는 목소리들에게 서로 들은 대로 반영해 달라고 요청한다.

[이해와 연결을 위해서 필요한 만큼 1~4단계를 반복한다.]

5. 해결 부탁

목소리 B에게 양 쪽의 욕구를 충족할 수 있는 부탁이 있는지 물어본다. 목소리 A에게도 어떤 부탁이 있는지 물어본다. 무엇을 할지가 내면에서 명료해질 때까지 계속해서 찾아본다.

선택자-교육자 모델
Chooser-Educator

선택자-교육자(C-E) 프로세스는 과거에 어떤 행동(의식적이건 무의식적이건)을 하고 나서 자신을 부정적으로 평가하고 있을 때, 나 자신의 여러 부분들 사이의 갈등을 다루는 내적 중재 지도 가운데 하나이다.

선택자-교육자 프로세스

1. 내면의 '교육자'(자기 평가/판단의 목소리) 공감하기

교육자의 목소리를 듣고 공감의 4요소를 이용하여 공감한다. 이해를 반영하고 느낌과 욕구를 공감한다. 교육자는 선택자가 한 행동으로 충족되지 않은 욕구를 표현한다. 교육자는 자신의 욕구를 도덕적인 자기 판단, '스토리', 강요의 언어로 표현한다. 그 언어들은 잘못되었다, 나쁘다, '했어야만 했다', 비판, 비난, 처벌을 표현하거나 암시하는 말들이다. 교육자에게서 나오는 감정은 대개는 분노이며, 그 밑에는 두려움이 있다. 교육자의 언어를 욕구의 언어로 전환할 때, 자기 비난은 슬픔과 후회의 느낌인 애도로 바뀐다.

2. 내면의 '선택자'(교육자가 평가하고 있는 일을 하거나 선택한 우리의 부분)를 공감하기

선택자의 목소리를 듣고 공감의 4요소를 이용하여 공감한다. 교육자의 이야기를 듣고 선택자의 느낌이 어떤지 물어볼 수도 있다. 대개 선택자의 느낌은 죄책감, 수치심, 불안, 그리고 때로는 교육자에 대한 분노이다. 그러고 나서, 선택자가 그 행동을 했을 때 충족하려고 했던 욕구를 물어볼 수 있다. 선택자는 욕구를 충족하려는 특정한 방법을 선택했다. 선택자를 공감한다는 것은 그 방법이, 선택자가 알고 있던 것 중에 그때 충족하려고 했던 욕구를 충족하기 위한 최선의 방법이었다는 점을 이해하는 것이다. 이러한 이해는 자기 연민으로 이어진다. 비록 그 방법이 성공하지는 못했지만, 선택자가 얼마나 그 욕구를 충족하려 했는지에 대한 감사 또는 축하가 있을 수 있다.

3. 선택자에게 교육자를 공감해 달라고 요청하기
선택자에게, 교육자가 한 말과 욕구를 교육자에게 반영해 달라고 요청한다.

4. 교육자에게 선택자를 공감해 달라고 요청하기
교육자에게, 선택자가 한 말과 욕구를 선택자에게 반영해 달라고 요청한다.

[이해와 연결을 위해서 필요한 만큼 1~4단계를 반복한다.]

5. 해결 부탁
교육자에게 양쪽의 욕구를 충족할 수 있는 부탁이 있는지 물어본다. 선택자에게도 어떤 부탁이 있는지 물어본다. 부탁을 명료하게 할 수 있는 한 가지 방법은, 지난 일을 다시 되짚어 보면서 다른 대응 방식과 새로운 가능성을 상상해 보는 것이다. 두 목소리가 서로 동의하는지 알아본다.

그룹에서 중재 기술 적용하기

그룹 중재에서는 5단계 중재 모델을 따라 하는 과정이 좀 더 복잡해지지만, 기본 구조는 같다. 공식적으로나 비공식적으로 그룹에서 중재할 수 있다. 여기에는 이해와 연결 국면에 해당하는 지도(그룹 중재 모델)와 해결책의 출현 국면에 해당하는 지도(그룹 의사 결정)가 있다.

> 그룹에서의 갈등 해결에 관한 참고 글
>
> "Group Decision Making: A Nonviolent Communication Perspective"
>
> ―Ike Lasater with Julie Stiles

점차 더 큰 그룹으로 모아 가는 중재(Accreted Mediation)

점차 더 큰 그룹으로 모아 가는 중재는 다음을 포함한다.

- 한 번의 대화를 한 후에 그다음 대화를 더해 간다. 이때 다음 단계로 나아가면서 어떤 일이 나타날지 지켜본다. 중재는 여러 번의 대화를 통해 이루어지며, 이때 당사자들이 모두 함께 모이는 세션을 반드시 할 필요는 없다.
- 작은 그룹에서 좀 더 큰 단위의 하부 그룹으로 모아 가면서, 중재를 그룹 전체로 넓혀 간다.

··

··

··

··

··

··

··

··

··

··

··

··

··

··

··

··

··

··

점차 더 큰 그룹으로 모아 가는 중재에 관한 참고 글
"Accreted Mediation: Building Clarity and
Connection"
—Ike Lasater with Julie Stiles, at http://www.mediate.com/
articles/lasaterstiles2.cfm

그룹 중재 모델

1. 지금 누가 말하고 싶은가?

2. 말하는 사람을 공감하여 욕구를 찾아가게 한다.

3. 그룹 안의 누군가가 자신이 한 말을 반영해 주기를 바라는지 말한 사람에게 물어본다. 만일 그렇다고 하면, 누가 반영해 주기를 바라는지 물어본다. 누군가가 반영을 하는 것에 대해서, 그리고 누가 반영을 할 것인지에 대해서, 중재자가 부탁 또는 제안을 할 수 있다.

4. 누군가가 반영을 할 때, 중재자는 그 사람이 반영하는 것을 도와준다.

5. 해결 부탁과 합의를 지원하는 그룹 의사 결정 과정(group decision-making process)을 진행한다.

 # 그룹 의사 결정 과정

공식적인 그룹 의사 결정 과정

해결책의 출현 국면에서 '"No!" 뒤의 욕구' 프로세스를 그룹에서 할 때

1. 충족하고자 하는 모든 욕구를 모아 브레인스토밍을 통해 창조적인 아이디어를 찾아낸 후, 누가 해결 부탁을 하고 싶은지 물어본다.
2. 말하는 사람의 부탁/제안을 명료히 하고 그것을 욕구와 연결하도록 돕는다.
3. 그 제안으로 충족되지 않는 욕구가 있는 사람이 있는지 물어본다. 어떤 식으로든 그 제안에 "No!"라고 말하는 사람이 있다면, 그 사람들을 각각 공감하면서 그 사람이 "Yes!" 하지 못하도록 막고 있는 욕구와 연결한다.
4. 모든 욕구를 충족할 수 있는 새로운 부탁/제안을 할 사람이 있는지 그룹에 물어본다. "No!"라고 말한 사람들을 각각 공감하고 나서, 그 사람에게 모든 욕구를 충족할 수 있는 새로운 부탁이 있는지 물어본다.

비공식적인 그룹 의사 결정 과정

공식적인 중재자나 진행자 없이 그룹 대화를 할 때

1. 그룹에서 일어난 일로 자극을 받으면, 자기 연결을 한다.

2. 말하는 사람이 "부탁합니다."를 말하고 있는가? "감사합니다."를 말하고 있는가?

3. 그 사람이 자신의 욕구를 명료히 인식하고, 그룹에 명확한 부탁을 할 수 있도록 돕는다.

4. 다른 그룹 멤버 중에서 "No!"를 하는 사람이 있으면 공감을 해 준다.

5. 다른 그룹 멤버들이 드러난 모든 욕구를 충족할 수 있는 명확한 부탁을 하도록 돕는다.

6

전문가로 나아가기

개입 요청이 있을 때의 대화 모델

개입 요청이 있을 때의 대화 모델은 우리가 어떤 일을 하는지 질문을 받을 때, 그리고 우리가 제공하는 서비스/일에 대한 문의 전화를 받을 때와 같이 공식적 중재로 이어지는 대화의 틀을 제공한다. 이 모델의 3단계는 다음과 같다.

1. **연결** "안녕하세요? 지금 어떠세요?"라고 말하면서 대화를 시작한다. 목적은 연결이다.
2. **상호 교육** 다소 자유로운 형식으로 진행되는 단계로, 잠재적 고객이 원하는 것이 무엇인지 파악하고, 중재자의 의사소통 기술을 보여 주고 어떤 서비스를 제공하는지 설명하는 시간이다.
3. **합의** 다음에 무엇을 할지 협의하는 단계이다. 대화를 더 하기 위해 일정을 잡거나, 정보를 보내 주겠다고 약속하는 것과 같이 간단한 것일 수도 있다.

우리의 서비스에 관심을 가진 사람에게 말하는 것은 연결의 기회가 된다. 이런 연결로부터 우리가 편안하게 느끼는 관계가 형성될 수 있다. 이를 통해 상대방이 우리를 고용하게 될 수도 있다. 상대방이 우리를 고용하느냐 마느냐를 떠나, 상대편은 우리에 대해 다른 사람들에게 호의적으로 말할 가능성이 커진다. 이렇게 입소문으로 전해진다. 또한 사람들이 만족할 만한 서비스를 제공할 때도 입소문으로 전해진다.

개입 요청 전화를 한 사람은 전화 통화를 통해 우리가 제공하는 것의 본질, 즉 자신과 다른 사람에 대한 공감적 이해를 통해 연결에 이르는 과정을 경험할 수 있는 기회를 가진다. 흥미롭게도, 상호 교육 단계에서 적 이미지 프로세스를 할 수 있다.

일반적으로 중재를 요청한 사람은 "어떤 일이 있는지 말씀해 주시겠습니까?"라는 질문에 기꺼이 대답을 한다. 상대방이 이 질문에 대답할 때 우리는 그 사람의 관찰, 느낌, 욕구, 부탁을 듣고 반영하게 된다. 이제 우리는 사실상 적 이미지 프로세스의 첫 번째 단계에 있는 것이다. 이를 통해 우리가 원하는 정보를 얻고, 그 사람을 지원하기 위해 무엇을 할 수 있는지 가늠할 수 있게 된다.

자신이 처한 상황에 대한 공감의 욕구가 충족되기 시작하면, 대개는 자신과 갈등을 겪고 있는 상대방에게 관심을 두는 표현을 하게 된다. 이제 적 이미지 프로세스의 두 번째 단계로 나아갈 가능성이 열린다. 이 단계에서는 "그 사람을 구제 불능이라고 말할 때, 당신이 그렇게 말하거나 행동하도록 자극한 그 사람의 말이나 행동은 무엇입니까?"와 같은 질문을 한다. 이러한 질문으로 우리는 관찰이 무엇인지 찾는다.

개입 요청 대화를 하는 동안에 일어나는 적 이미지 프로세스의 세 번째 단계는 전화 통화를 하는 동안 일어난 일을 다시 살펴보고 좀 더 명료해졌는지를 보는 것이다. 이 시간은 우리가 제공하는 서비스에 대해서 그 사람이 궁금해 하는 점들에 대답을 하고 우리가 하는 일을 알려 주는 시간이 될 수도 있다. 이제 우리는 이러한 공감적 이해를 갖고 있기 때문에 그 사람을 위해 우리가 할 수 있는 것을 자신 있게 말할 준비가 되어 있는 셈이다.

따라서 개입 요청 대화는 코칭을 하는 것과 같은 측면이 있으며, 때로는 다른 사람과 나 사이의 중재를 하는 느낌을 준다고 말할 수 있다. 이처럼 중재는 연습할 수 있는 것이다. 개입 요청 대화에는 다음과 같은 흐름과 리듬이 있다. 우선 우리가 대화를 하고 있는 사람을 공감하고, 그다음에 그 사람이 갈등을 겪고 있는 상대방에 대한 공감을 하고, 마지막으로 앞의 두 단계를 통해 다음에는 무엇을 할 것인지를 배우게 된다.

전문적인 지속성

외부에 홍보를 하고 돈에 대해 이야기하는 것 역시 배울 수 있는 기술이다. 여러분이 하는 일의 사업적 측면과 관련된 일을 하면서 불편함이나 괴로움이 느껴지면, 그 대화를 '의자에 앉혀' 보거나 그러한 고통이 일게 하는 욕구들과 다른 방식으로 연결할 수 있다.

갈등 코칭

갈등 코칭에는 중재자의 도움을 받는 것에 대한 동의가 이루어지지 않은 상황에서 한 사람 혹은 다수의 사람과 갈등을 겪고 있는 사람을 지원해야 하는 어려움이 있다. 갈등 코칭과 사전 중재는 비슷하다. 한 가지 중요한 차이점은, 코치 역할을 할 때에는 중재자 역할로 관여할 것으로 기대하지 않는다는 것이다. 우리는 우리의 코칭을 받는 사람에게 다음과 같은 지원을 한다.

- 갈등에 관련된 자신의 욕구를 명료화하기
- 상대방의 욕구를 추측하기
- 어떤 수단/방법을 사용하고 싶은지 계획하기
- 계획한 것을 어떻게 의사소통할지 실습하기

항상 그런 것은 아니지만, '코칭을 받고 있는 사람'이 예상하는 어려운 대화를 하기 전이나 하고 나서 여러 번의 코칭 세션을 하는 경우가 종종 있다. 사전 세션에서는 준비를 한다. 사후 세션에서는 축하/애도/배움과 연습을 한다. 이때 이루어지는 연습에서 코치는 앞으로 예상되는 어려운 대화를 대비해 코칭을 받고 있는 사람과 역할극을 한다. 첫 코칭 세션이 끝난 후 그다음 세션들에서는 이미 일어난 일과 일어날 것으로 예상되는 일 모두를 검토하는 과정이 포함된다.

코칭 세션 그 자체는 주로 역할극으로 이루어진다. 다음은 코칭 세션에서 일어날 수 있는, 3단계로 이루어진 역할극의 예이다.

첫 번째 단계에서 코칭을 받는 사람은 자기 자신 역할을 하고, 코치는 갈등 관계에 있는 상대방 역할을 한다. 코치는 코칭 받고 있는 사람이 감정을 다 분출하도록 하면서 그것을 공감적인 추측으로 듣는다. 이 과정에서 코칭 받고 있는 사람의 공감에 대한 욕구는 충족이 된다.

두 번째 단계에서는 역할을 서로 바꾸어 코칭을 받고 있는 사람이 갈등 관계에 있는 상대방의 역할을 하면서 상대방이 한 말을 들은 대로 말하거나 자신이 상상한 상대방의 갈등을 말한다. 코치는 공감적인 추측으로 반응한다. 이것은 코칭을 받고 있는 사람에게 상대방의 욕구가 무엇일지에 대한 이해를 제공한다.

세 번째 단계에서는 다시 원래대로 돌아가서 코칭을 받고 있는 사람이 자기 자신의 역할을 하고, 코치는 갈등 관계에 있는 상대방 역할을 한다. 연습 상황이므로, 어느 정도로 말하면 코칭을 받고 있는 사람이 감당할 수 있는지 그 선을 사전에 의논하여 정한다. 코치는 상대방 역할을 하면서, 코칭을 받는 사람에게 듣기 힘든 말을 한 뒤 그 사람이 자신의 욕구와 연결하고 자신의 가치에 부합하는 반응을 할 수 있도록 돕는다.

장애를 의자에 앉히기

이 매뉴얼에서 설명되고 우리 교육에서 가르치고 있는 기술들은 갈등 중재에 초점이 맞추어져 있다. 아이러니하게도, 갈등이 발생하는 대표적 상황 중 하나는 우리가 인생의 큰 목표를 이루려고 할 때이다. 우리가 목표를 이루기 위한 단계를 밟을 때, 내가 하고 싶다고 말하는 것과 그것에 대한 나의 감정적 반응 사이에 필연적으로 틈이 생기게 된다. 이것은 내가 원하는 것에 대한 장애가 드러났다는 신호이다. 이러한 장애는 그다음 단계로 나아가길 원하는 나와 뒤로 물러나고 싶어 하는 나 사이에 지극히 일상적인 내면 갈등으로 대개 나타난다. 우리는 이 장애, 즉 내면의 갈등을 연습 파트너와 함께 의자에 앉히고 그 내면의 목소리를 중재할 수 있는 지원을 받을 수 있다.

장애를 의자에 앉히는 것은 우리가 목표에 도달하기 위한 행동을 하도록 하고, 자신의 욕구와 연결을 유지하는 방식으로 그 행동을 하도록 돕는다.

예를 들어, 우리가 배운 기술과 역량을 갈등을 중재하고 다른 사람들을 코칭하는 데 사용하기로 결정했다고 가정해 보자. 우리의 목표는 우리가 소중하게 여기는 이 일을 하면서 지속 가능한 사업을 구축하는 것이다. 우리는 우선 우리의 기술을 사용하여 우리가 원하는 것을 명료하게 한다. 공감 과정을 거쳐 우리의 욕구와 그 욕구를 충족하기 위한 수단/방법을 명료하게 하는 것이다. 이를 통해 계획의 세부 사항을 파악하고 사업을 구축하기 위해 취해야 할 구체적인 단계를 마련하는 데 도움을 받을 수 있다. 다음 단계로 해야 할 것 중 하나는, 네트워킹 행사에 참석하여 중재자로서 그리고 갈등 코치로서 자신이 제공하게 될 서비스에 대해서 사람들에게 몇 마디 할 기회를 가지는 것이다. 그 행사와 행사에서 자신이 할 말을 생각하다 보면, 몸이 무겁고 위가 허한 느낌이 들 수도 있다. 당신은 마음속에 '지금 내가 무슨 생각을 하고 있지? 내가 무슨 말을 하면 다른 사람들의 마음을 움직일 수 있을까? 어차피 아무도 나한테 오고 싶어 하지 않을 거야. 그만둬야겠어.'와 같은 목소리가 있다는 것을 알아차리게 된다. 갈등하는 두 개의 내면의 목소리가 있는데, 한 목소리는 사업을 구축할 수 있도록 행사에서 나의 서비스를 마케팅하기를 원하고, 다른 한 목소리는 "그래, 그렇지만……"이라고 말하고 있다. 연습 파트너와 내면 중재(IM) 2인 1조 연습을 이용하여, 이 갈등을 중재하고 자신의 목표를 달성하는 데 도움이 되는 해결책을 찾도록 한다.

장애를 의자에 앉히기

1. 취하고 싶은 행동을 생각한다.
2. 자신이 어떻게 느끼는지 본다.
3. 어떤 생각이 뒤따라 일어나는지 본다.
4. 이 정보를 이용하여 갈등하는 자신의 두 부분을 확인한다.
5. 연습 파트너와 함께 이러한 내면의 목소리들을 의자에 앉힌다.

사업을 구축해 가는 데 지원을 받기 위해, 이 매뉴얼에 있는 다른 프로세스로 2인 1조 혹은 3인 1조 연습을 할 수도 있다. 네트워킹 행사에 다녀온 후에는 애도/축하/배움(MCL) 프로세스로 일어난 일을 평가해 볼 수 있다. 만일 행사에 참석하기 전에 자신이 어떤 사람에 대한 판단을 가지고 있어서 그 사람에게 이야기하기가 꺼려진다면, 적 이미지 프로세스(EIP)를 이용할 수도 있다.

7

목표를 향해
나아가기 위한 연습

집중 교육 이후의 연습

"우리는 자신이 기대하는 수준으로 올라가지 않는다. 훈련된 수준으로 내려간다."

—아르킬로코스(그리스 군인이자 시인, BC 650)

우리는 종종 앞의 인용구를 언급하는데, 그것은 참여자들이 우리의 집중 교육 프로그램에서 배우는 방법에 직접적으로 적용되기 때문이다. 〈삶을 중재하기—NVC Mediation〉에 포함된 기술과 프로세스들은 연습 없이 쉽게 체화되지 않는다. 연습을 꾸준히 할수록 습관과 선택에서 긍정적인 변화를 더 보게 될 것이다. 많은 참여자들이 집중 교육 과정 사이사이에 했던 연습들이 집중 과정에서 배운 것을 심화하는 데 큰 도움이 되었다고 말한다. 대부분의 사람들은 연습 모임의 일부인 상호 지원과 공감을 기대한다고 말한다.

세 가지 연습 요청

1. 집중 교육을 받는 1년 동안 하루에 한 번 이상 자기 연결 연습하기
2. 집중 교육을 받는 해의 3분의 2 기간 동안 적어도 1주일에 한 번, 2인 1조 연습하기
3. 집중 교육을 받는 해의 3분의 2 기간 동안 적어도 1주일에 한 번, 3인 1조 연습하기

매일 자기 연결 연습

명상(현존 연습)

매일 5분 이상 연습한다. 일정한 시간과 조용한 장소를 정한다. 이미 수행했거나 지금 하고 있는 명상 수행을 이용하고 싶다면, 그것을 해도 된다. 명상 수행을 하지 않고 있다면, 흔히 하는 방법은 숨이 들어오고 나가는 것을 따라가면서 자신의 호흡을 알아차리는 것이다.

자신의 숨을 의식하는 것을 놓쳤을 때, 그리고 무의식적이고 자동적이며 습관적으로 생각하고 있음을 의식했을 때, 부드럽게 그리고 연민을 갖고서 숨으로 다시 주의를 돌린다. 명상을 하기로 정해 놓은 시간만큼 한다.

자칼 일지

어떤 것에 강하게 반응하는 것을 알게 되었을 때, 자기 자신과 타인에 대한 나의 판단을 추적하고 번역할 수 있다. 이 용도로만 사용할 저널이나 공책을 하나 마련할 것을 권한다.

예

'관찰' 이라는 제목 아래, 다음의 내용을 적는다.

a) 내 느낌에 대한 자극인, 일어난 일에 대한 나의 관찰

b) 이 글을 쓰는 지금 이 순간 그 일을 생각할 때 내 머릿속에서 일어나고 있는 생각들. 검열하지 말고 가능한 한 그 생각들이 있는 그대로 나오게 한다.

그다음에는 '느낌' 이라는 제목 아래 다음의 내용을 적는다.

a) 이 글을 쓰는 지금 이 순간 그 사건을 생각할 때 나의 느낌(그 일이 발생했을 때 내가 느꼈던 느낌이 아니라)

b) 느낌 어휘력을 키우기 위해 느낌 목록을 참고할 수도 있다. 내 안에 살아 있는 내면의 느낌, 감각, 감정을 찾되, 내 생각을 나타내는 '거짓 느낌' 말을 사용하지 않도록 주의한다.

c) 또한, 시간을 갖고 내가 지금 어떻게 느끼고 있는지 실제로 느껴 본다. 그 느낌에 대해 머리로 이름 붙이기보다는 몸으로 알아차리는 것을 경험한다.

그다음에는 '욕구'라는 제목 아래, 다음의 내용을 적는다.

a) 나의 생각과 느낌과 연결된 나의 욕구. 어떤 단어나 문장이 가장 마음 깊이 울리는가?

b) 보편적 욕구와 특정 수단/방법이 섞인 말을 사용하지 않도록 주의한다. 이 매뉴얼 앞에 있는 욕구 목록을 활용하기를 권한다.

c) 다시, 시간을 갖고 내 몸에서 일어나고 있는 것을 실제로 느껴 보면서 내면에서 울림이 가장 큰 단어를 찾아본다. 열림, 긴장이 풀림, 부드러워짐, 평화, 연민, 나 자신 그리고 다른 사람과의 연결처럼 몸에서 질적인 변화가 느껴질 때까지 계속한다.

d) 나의 욕구를 나타내는 단어를 찾으면 그것을 음미하고 그것에 깊이 연결하여, 그것이 나에게 얼마나 중요한지,

M · E · M · O

그것이 가져오는 풍요로움을 누리고 감상한다.

그다음에는 '부탁' 이라는 제목 아래, 다음의 내용을 적는다.

a) 나의 욕구(나 자신을 돌보기 위한 욕구와 다른 사람을 돌보기 위한 욕구)를 충족하는 데 기여할 구체적이고 실행 가능한 행동 언어로 된, 나 자신이나 다른 누군가에게 하는 부탁이 있는지 본다.

b) 부탁을 찾아내려고 시도하거나 노력하기보다는 주의를 욕구에 둔다. 이미 떠오른 부탁이 있는지, 혹은 욕구와 연결할 때 마음속에서 자연스럽게 부탁이 떠오르고 있는지 본다.

c) 떠오르는 것이 있으면 적는다. 글을 쓰고 있는 동안에 부탁이 떠오르지 않을 수 있다. 나중에 갑자기 떠오를 수 있다.

감사 연습

마셜 로젠버그는 9개의 CD로 구성된 〈Sound True〉의 9번째 CD에서 '감사 연습'에 대해 언급하고 있다. 다음은 아이크 라사터가 보통 하고 있는 방법이다. 아침에 일어나면 전날 있었던 일을 되돌아보고 다른 사람이나 내가 한 일로 즐거웠던 것이 있었나 생각해 본다. 했던 말이나 행동을 혼자 속으로 관찰로 표현한다. 이 관찰을 떠올리면서 그것을 기억할 때 지금 이 순간의 나의 느낌과 충족된 나의 욕구를 찾아본다. 그리고 나서 대개는 잠시 머물면서 감사를 음미한다. 내가 감사를 느끼게 되면 때로는 전날 있었던 일과 관계된 사람에게 감사를 전하고 싶은 마음이 들기도 한다.

감사 저널

감사 저널은 감사 연습을 글로 적는 것이다. 자기 자신이나 다른 사람에 대해서, 그리고 삶에 대해서 자신의 욕구를 충족한 구체적인 것들을 기록한다.

매주 2인 1조 연습

2인 1조 연습은 다른 사람과 함께 시간을 정해 놓고 우리 삶에서 의미 있는 것을 나누고, 그 상황에서 자신의 충족되거나 충족되지 않은 욕구를 인식하는 데 연습 파트너의 지원을 받는다. 연습 파트너는 우리의 욕구를 추측함으로써 지원을 한다. 그러고 나서 역할을 바꾼다. 이 연습은 종종 전화로 하기도 한다.

2인 1조 연습—공감 기술(매주 1시간 이상)

1. 먼저 말할 사람과 듣는 사람을 정한다.
2. 말하는 사람은 자신이 축하하는 것이나 부정적인 판단을 하고 있는 것에 대해 말한다. 듣는 사람은 현존, 이해, 욕구 언어/욕구와 깊이 연결하기를 한다.(20분)
3. 멈추고 나서 함께 배운 것을 수확한다. 각자 역할을 하면서 경험한 것, 그리고 도움이 된 것과 도움이 되지 않았던 것에 대해 피드백을 한다.(10분)
4. 역할을 바꾸어 1~3 단계를 되풀이한다.

또 다른 선택지는 말하는 사람이 '적 이미지'를 가진 사람에 대해 이야기를 하면서 자기 공감이나 자기표현으로 적 이미지 프로세스를 수행하고, 듣는 사람은 이를 도와주는 것이다. 이 매뉴얼에 들어 있는 프로세스들과 그에 대한 설명이 도움이 되기를 바란다.

시간표와 연락 정보

2인 1조 연습 파트너	연락 정보	연습 진행한 날짜

3인 1조 중재

3인 1조 연습은 다른 두 사람과 함께 시간을 정해 놓고 한다. 모든 사람이 돌아가면서 한 번씩 중재자의 의자에 앉아 중재자 역할을 하고 피드백을 받는다. 이 연습은 1시간 반에서 2시간 정도 걸리고 전화나 온라인으로도 할 수 있다.

시간표와 연락 정보

3인 1조 연습 파트너	연락 정보	연습 진행한 날짜

첫 번째 집중 연습 부탁

두 번째 집중 연습 부탁

세 번째 집중 연습 부탁

각자의 행동 계획

"헌신에는 다섯 수준이 있다. 그것을 생각하기, 공유하기, 행하기, 가르치기, 그리고 살기이다."

—제러미 휘트(Jeremy Whitt)

우리는 일상으로 돌아가는 참가자들에게 각자의 행동 계획을 세우도록 권한다. 이것은 개인적 배움의 목표와 그 목표를 달성하기 위한 구체적인 행동을 글로 써서 선언하는 것이다. 우리는 더 분명하고 사려 깊게 자신의 의도를 진술하고 추적할수록 그것들을 성취할 확률이 더 높아진다고 확신한다. 각자의 행동 계획을 작성하는 한 가지 방법을 아래와 같이 요약해 보았다. 자신에게 맞는 방법을 찾아 활용하기 바란다.

1. 다음 교육에 올 때까지 자신이 이루고 싶은 꿈, 기대, 구체적인 목표에 대해 브레인스토밍한다.
2. 자신만의 연습 목표와 그것을 달성할 구체적인 행동을 정하기 위해 교육에 참가한 다른 한 사람과 대화를 깊이 나눈다. 측정이 가능하고 시간 스케줄이 분명한 목표를 정한다. 도전적인, 그러나 현실적인 목표를 잡는 것이 이상적이다.
3. 각자 목표로 다시 돌아가서 그것을 달성하는 데 도움이 되는 구체적인 단계들을 구상한다. 피하고 싶은 것보다는 하고 싶은 것을 강조하여 단계들을 긍정적인 언어로 기록한다.

행동 계획의 예 1

목표 1 내 목표는 중재자로서 일을 시작하는 것이다.
집중 영역 네트워크 형성, 다른 중재자나 교육 참가자들에게 받을 수 있는 지원 찾기

- **1단계:** 다음 교육 기간 동안에 적어도 한 번은 실제 갈등을 중재한다. 만일 실제 갈등이 생기지 않으면 교육 세션 중에 혹은 휴식 시간에 역할극을 부탁한다.
- **2단계:** 트레이너들에게 피드백과 성장을 위한 구체적인 제안을 부탁한다.
- **3단계:** 교육을 끝마치면 중재할 수 있는 곳을 찾는다. 이 단계를 위해서 나는 트레이너들과 참가자들의 아이디어와 지원이 필요하다.
- **4단계:** 다른 참가자들과 지원 그룹을 만들고 정기 모임을 갖는다. 3~4명으로 구성된 그룹을 만들기 위해 현재 중재자이거나 중재자가 되고 싶어 하는 사람들과 접촉한다. 일주일에 적어도 한 번은 온라인으로 지원 세션을 가진다.

행동 계획의 예 2

목표 1 내 목표는 집에서 부모 역할을 좀 더 잘하고 대화를 더 잘하는 것이다.
집중 영역 가족 문제와 관련한 중재 지원 받기

- **1단계:** 교육 자료가 나와 십 대 자녀에게 어떻게 도움이 되는지 주의 깊게 살펴본다. 기록한 것, 성찰한 것, 발견한 것들을 저널에 적는다.

- **2단계**: 자녀 양육과 관련된 주제의 특별 중재 연습을 부탁한다.
- **3단계**: 트레이너들에게 피드백과 성장을 위한 구체적인 제안을 부탁한다.
- **4단계**: 적어도 한 명의 부모와 지원 그룹을 만든다. 2주에 한 번씩 전화로 공식적인 체크인을 가진다. 공감 세션을 가지는 것도 가능하다.

"헌신하기 전에는, 우리는 주저한다. 물러날 기회, 그것은 언제나 효과가 없다. 시작하는 모든 행위(그리고 창조)에는, 한 가지 기본적인 진리가 있다. 그것을 무시하면 수많은 아이디어와 멋진 계획들이 사라진다. 누군가 명백히 자기 자신을 헌신하는 그 순간 신의 섭리가 작용한다. 모든 것이 우리를 돕기 위해 일어난다. 그렇지 않았다면 결코 일어나지 않았을 것이다. 모든 일의 흘러가는 방향은 결의에서 나온다. 예측하지 않은 모든 사건들, 만남, 물질적인 도움이 우리에게 호의를 베푸는 쪽으로 일어난다. 아무도 꿈꿀 수 없었던 일이 우리의 삶에 다가오게 된다.

괴테의 시에서 나는 심오한 존중을 배웠다.

무엇을 하든 혹은 무엇을 꿈꾸든 우선 시작하라.

대담한 실천에는 천재성, 힘, 그리고 마법이 깃들어 있다."

—**W. H. 머레이**(스코틀랜드 히말라야 원정대)

개인적 성찰을 위한 질문들

다음 질문들은 여러분이 교육에서 경험한 것을 성찰하고, 이 교육에서 얻은 것으로 각자의 삶에서 무엇에 전념할 것인지를 명료하게 하는 데 도움을 주기 위한 것이다. 앞에서 설명한 긍정적 피드백 순환의 일부이다.

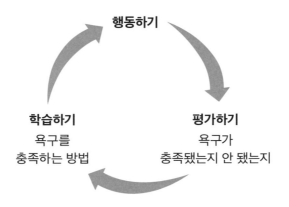

행동하기

평가하기
욕구가
충족됐는지 안 됐는지

학습하기
욕구를
충족하는 방법

- 교육의 하이라이트는 무엇이었는가? 어떤 점이 즐거웠는가? 어떤 점이 어려웠는가? '아하!'의 순간이 있었는가?

- 교육에서 자신에게 가장 중요한 부분, 혹은 자신이 배운 가장 중요한 것은 무엇이었는가? 이 교육을 통해 충족된 욕구는? 계속해서 좀 더 작업을 해야 한다고 느끼는 것이 있다면 무엇인가?

- 여기에서 배운 것이 지금 당신의 삶과 어떤 관계가 있는가? 여기에서 배운 것이 당신의 미래 비전과 삶의 목적의식에 어떻게 관련되어 있는가?

- 앞으로 3개월, 6개월, 1년 동안 자신이 중점을 두고자 하는 가장 중요한 점은 무엇인가? 무엇이 방해가 될 것 같고 그것에 어떻게 대응할 것인가?

- 이 워크숍 이후에 당신이 상상할 수 있는 가능한 행동들은 무엇인가? 당신은 어떤 것에 전념할 것인가?

참고 자료

지속적으로 업데이트되는 자료 목록을 보고 싶다면 Mediate Your Life 웹 사이트(www.mediateyourlife.com)를 보라.

비폭력대화를 배우는 데 도움이 되는 자료

- 『비폭력대화: 일상에서 쓰는 평화와 공감의 언어』, 마셜 로젠버그 지음, 캐서린 한 옮김, 한국NVC출판사, 2017
- 『갈등의 세상에서 평화를 말하다』, 마셜 B. 로젠버그 지음, 정진욱 옮김(캐서린 한 감수), 한국NVC센터, 2016

마셜 로젠버그 강연 오디오
- NVC Training Course (9 CDs)
- Speaking Peace (2 CDs)
- CDs from International Intensive Training with Marshall

마셜 로젠버그 강연 비디오
- 비폭력대화의 기본(The Basics of Nonviolent Communication) (2 DVDs), 한국NVC센터
- Making Life Wonderful (4 DVDs)

YouTube '마셜 로젠버그' 비디오

웹 사이트

- The Center for Nonviolent Communication www.cnvc.org
- NVC Academy http://nvctraining.com
- PuddleDancer Press www.nonviolentcommunication.com
- Bay NVC www.baynvc.org
- NVC Boston http://www.nvcboston.org
- Power of Compassion—Houston NVC http://www.houstonnvc.org/
- Growing Compassion http://www.growingcompassion.org/

기타 참고 자료

- *Why Nations Fail: The Origins of Power, Prosperity, and Poverty*, Daron Acemoglu & James A. Robinson, 2012.(대런 애쓰모글루·제임스 A. 로빈슨 지음, 최완규 옮김, 장경덕 감수, 『국가는 왜 실패하는가?』, 시공사, 2012)
- *I Thought It Was Just Me (But It Isn't): Making the Journey from "What Will People Think?" to "I Am Enough,"* Brené Brown, 2007.
  또한, Brené Brown의 Vulnerability에 관한 TED 강연도 참고하라.(http://www.ted.com/talks/brene_brown_on_vulnerability.html)
- *When Things Fall Apart: Heart Advice for Difficult Times*, Pema Chodron, 1997.(페마 초드론 지음, 구승준 옮김, 『모든 것이 산산이 무너질 때』, 한문화, 2017년)
- *Comfortable with Uncertainty: 108 Teachings on Cultivating Fearlessness and Compassion*, Pema Chodron, 2010.
- *Taking the Leap: Freeing Ourselves from Old Habits and Fears*, Pema Chodron, 2011.
- *Super Brain: Unleashing the Explosive Power of Your Brain to Maximize Health, Happiness, and Spiritual Well-Being*, Deepak Chopra and Rudolph Tanzi, 2012.
- *The 7 Habits of Highly Effective People: Powerful Lessons in Personal Change*, Stephen R. Covey, 2013.(스티븐 코비 지음, 김경섭 옮김, 『성공하는 사람들의 7가지 습관』, 김영사, 2017)

- *The Power of Habit: Why We Do What We Do in Life and Business*, Charles Duhigg, 2012. (찰스 두히그 지음, 강주헌 옮김, 『습관의 힘: 반복되는 행동이 만드는 극적인 변화』, 갤리온, 2012)

- *Incognito: The Secret Lives of the Brain*, David Eagleman, 2012.

- *Awakening Earth: Exploring the Evolution of Human Culture and Consciousness*, Duane Elgin, 1993.

- *The Checklist Manifesto: How to Get Things Right*, Atul Gawande, 2011.(아툴 가완디 지음, 박산호 옮김, 김재진 감수, 『체크! 체크리스트: 완벽한 사람은 마지막 2분이 다르다』, 21세기 북스, 2010년)

- *Who's in Charge?: Free Will and the Science of the Brain*, Michael Gazzaniga, 2012.(마이클 S. 가자니가 지음, 박인균 옮김, 『뇌로부터의 자유—무엇이 우리의 생각, 감정, 행동을 조종하는가?』, 추수밭(청림출판), 2012)

- *Violence: Reflections on a National Epidemic*, James Gilligan, M.D., 1997.(Ike Laster는 p.111의 shame as "the most carefully guarded secret held by violent men" 추천)

- *Moral Tribes: Emotion, Reason, and the Gap Between Them*, Joshua Greene, 2013.(조슈아 그린 지음, 최호영 옮김, 『옳고 그름: 분열과 갈등의 시대, 왜 다시 도덕인가』, 시공사, 2017)

- *On Combat: The Psychology and Physiology of Deadly Conflict in War and in Peace*, Lt. Col. Dave Grossman, 2008.(Ike Lasater는 chapter 2 on the importance of training in the conditions you are expecting to encounter 추천)(데이브 그로스먼·로런 W. 크리스텐슨 지음, 박수민 옮김, 『전투의 심리학: 목숨을 걸고 싸우는 사람들의 심리와 생리』, 열린책들, 2013)

- *The Righteous Mind: Why Good People Are Divided by Politics and Religion*, Jonathan Haidt, 2013.(조너선 하이트 지음, 왕수민 옮김, 『바른 마음: 나의 옳음과 그들의 옳음은 왜 다른가』, 웅진지식하우스, 2014)

- *Hardwiring Happiness: The New Brain Science of Contentment, Calm, and Confidence*, Rick Hanson, 2013.(릭 핸슨 지음, 김미옥 옮김, 장현갑 감수, 『행복 뇌 접속』, 담앤북스, 2015)

- *Thinking, Fast and Slow*, Daniel Kahneman, 2011.(대니얼 카너먼 지음, 이창신 옮김, 『생각에 관한 생각』, 김영사, 2018)

- *Loving What Is: Four Questions That Can Change Your Life*, Byron Katie, 2003.(바이런 케

이티·스티븐 미첼 지음, 김윤 옮김, 『네 가지 질문: 내 삶을 바꾸는 경이로운 힘』, 개정판, 침묵의향기, 2013)

또한, Byron Katie의 웹 사이트(www.thework.com)도 참고하라.

- *What We Say Matters: Practicing Nonviolent Communication*, Judith Hansen Lasater and Ike K. Lasater, 2009.

- *Words That Work in Business: A Practical Guide to Effective Communication in the Workplace*, Ike Lasater with Julie Stiles, 2010.(아이크 래서터 지음, 노태규 옮김, 『직장인을 위한 비폭력대화: 직장에서 사용하는 비폭력대화 실용 가이드』, 바오, 2014)

또한, Ike Lasater의 Words That Work 웹 사이트(http://wordsthatwork.us/site/resources/ articles/)도 참고하라. Ike Lasater, John Kinyon, Julie Stiles가 쓴 NVC에 관한 다음 글들을 볼 수 있다.

  - "Mediation and Mediator Self-Care: A Nonviolent Communication Approach," Ike Lasater & John Kinyon with Julie Stiles, 2010.

  - "Becoming a Better Mediator by Mediating Your Inner Dialogue," Ike Lasater and John Kinyon with Julie Stiles, 2009.

  - "The Three-Chair Model for Learning NVC Mediation: Developing Capacity for Mindful Presence, Connection and Skill with NVC," Ike Lasater and John Kinyon with Julie Stiles, 2009.

  - "Skill Building and Personal Growth Through NVC Mediation Triad Practice," Ike Lasater with Julie Stiles, 2009.

  - "What is NVC Mediation: A Powerful Model for Healing and Reconciling Conflict," Ike Lasater with Julie Stiles, 2009.

  - "The Origin and Resolution of Conflict," Ike Lasater with Julie Stiles, 2008.

  - "Group Decision Making: A Nonviolent Communication Perspective," Ike Lasater with Julie Stiles, 2008.

  - "The Future of NVC Mediation: Where We Have Been, Where We Are, Where We Might Go," Ike Lasater with Julie Stiles, 2009.

  - "Using NVC to Make a Living Doing NVC," Ike Lasater with Julie Stiles, 2009.

  - "NVC Conflict Coaching," by Ike Lasater with Julie Stiles, 2008.

- "Working with Enemy Images Before and During Mediations," Ike Lasater with Julie Stiles, 2006.

- "Accreted Mediation: Building Clarity and Connection," by Ike Lasater with Julie Stiles, 2006.

- "Working with One Party: A Nonviolent Communication(NVC) Approach to Family Conflicts," Ike Lasater with Julie Stiles, 2006.

- *The Empathy Factor: Your Competitive Advantage for Personal, Team, and Business Success*, Marie R. Miyashiro, 2011.

- *Self-Compassion: The Proven Power of Being Kind to Yourself*, Kristin Neff, 2011, www. self-compassion.org.

  또한, Kristin Neff의 TEDx talk on the space between self-esteem and self-compassion(http://www.youtube.com/watch?v=IvtZBUSplr4)도 참고하라.

- *Words Can Change Your Brain: 12 Conversation Strategies to Build Trust, Resolve Conflict, and Increase Intimacy*, Andrew Newberg and Mark Robert Waldman, 2012.(앤드류 뉴버그 · 마크 로버트 월드먼 지음, 권오열 옮김, 『왜 생각처럼 대화가 되지 않을까?—인간관계의 갈등과 오해를 없애 주는 소통의 기술』, 알키, 2012)

- *Change Anything: The New Science of Personal Success*, Kerry Patterson, Joseph Grenny, David Maxfield, Ron McMillan, Al Switzler, 2012.(케리 패터슨 · 조셉 그레니 · 론 맥밀런 · 알 스위츨러 · 데이비드 맥스필드 지음, 박슬라 · 김선준 옮김, 『어떻게 바꿀 것인가: 나를 변화시키는 6가지 방법』, 21세기북스, 2012)

- *A Way of Being*, Carl Rogers, 1980.(칼 로저스 지음, 오제은 옮김, 『칼 로저스의 사람-중심 상담』, 학지사, 2007)

- *On Becoming a Person*, Carl Rogers, 1961.(칼 로저스 지음, 주은선 옮김, 『진정한 사람 되기: 칼 로저스 상담의 원리와 실제』, 학지사, 2009)

- *On Personal Power: Inner Strength and its Revolutionary Impact*, Carl Rogers, 1977.

- *The Four Agreements: A Practical Guide to Personal Freedom*, Don Miguel Ruiz, 1997.

- *The I of the Storm: Embracing Conflict, Creating Peace*, Gary Simmons, 2001.

- *Parenting without Power Struggles*, Susan Stiffelman, 2010.

- *A New Earth: Awakening to Your Life's Purpose*, Eckhart Tolle, 2005.(에크하르트 톨레 지

음, 류시화 옮김, 『삶으로 다시 떠오르기』, 연금술사, 2013)

- *The Power of Now: A Guide to Spiritual Empowerment*, Eckhart Tolle, 2004.(에크하르트 톨레 지음, 노혜숙 옮김, 『지금 이 순간을 살아라』, 양문, 2008)

- *Stillness Speaks*, Eckhart Tolle, 2003.(에크하르트 톨레 지음, 진우기 옮김, 『고요함의 지혜』, 김영사, 2004)
  에크하르트 톨레의 비디오를 보려면 웹 사이트(www.eckharttolletv.com)를 참고하라.
  또한, www.oprah.com에서 "Eckhart Tolle"로 검색하라.

- *Pilgrim*(2012) and other books of poetry by David Whyte(http://www.davidwhyte.com/)

- *The Third Side: Why We Fight and How We Can Stop*, William L. Ury, 2000.

- *Getting To Yes: Negotiating an Agreement Without Giving In*, Roger Fisher, William L. Ury and Bruce Patton, 2011.(윌리엄 유리 · 브루스 패튼 · 로저 피셔 지음, 박영환 · 이성대 옮김, 『Yes를 이끌어내는 협상법(재개정판)』, 도서출판 장락, 2014)

- *A Theory of Everything: An Integral Vision for Business, Politics, Science and Spirituality*, Ken Wilbur, 2000.(켄 윌버 저, 김명권 · 민회준 공역, 『켄 윌버의 모든 것의 이론』, 학지사, 2015)

- *Integral Life Practice: A 21st-Century Blueprint for Physical Health, Emotional Balance, Mental Clarity, and Spiritual Awakening*, Ken Wilbur, Terry Patten, Adam Leonard, Marco Morelli, 2008.(켄 윌버 · 테리 패튼 · 애덤 레너드 · 마르코 모렐리 지음, 안희영 · 조효남 옮김, 『켄 윌버의 ILP: 건강, 웰라이프, 그리고 영적 성장을 위한』, 학지사, 2014)
  또한 Ken Wilbur의 웹 사이트(www.integrallife.com)도 참고하라.

- *Mindfulness: An Eight-Week Plan for Finding Peace in a Frantic World*, Mark Williams, Danny Penman, Jon Kabat-Zinn, 2012.

부록

A. 이 교육의 핵심적 측면들

개인의 성장

내적 운영 시스템을 업그레이드하고 역량을 기르기 위해, 자신이 실제로 겪고 있는 상황과 갈등을 '의자에 앉히기'를 권한다. 그럼으로써 자신의 기술을 개발할 뿐 아니라 자신이 바라는 대로 갈등과 긴장된 상황에 대처하는 능력을 키울 수 있으리라고 우리는 믿는다.

연습의 중요성

우리는 워크숍에서 영감을 얻고, 공동체를 만들고, 무엇을 어떻게 연습할 것인지와 관련된 여러 방법들을 배운다. 하지만 진정한 배움, 성장, 변화는 매일 그리고 매주 스스로 하는 연습을 통해서 일어난다.

피드백 주고받기

피드백은 배우고 변화하는 데 핵심적인 요소이다. 우리는 이것을 일종의 '바이오피드백(biofeedback)'으로 본다. 즉, 다른 사람의 행동에 대한 우리 내면의 생물학적인 경험을 말해 주는 것이다. 피드백에는 두 가지 핵심적인 측면이 있다. 1) 자신의 욕구를 충족시켰거나 충족시키지 않았던 것을 구체적으로 말하고(관찰), 2) 자신의 생각/평가가 아닌 내적 경험과 느낌을 말한다. 또 먼저 자기 마음에 들었던 점부터 말한 다음에 마음에 들지 않았던 점, 그리고 이렇게 했으면 더 효과적이었겠다 싶은 점을 표현하는 것도 매우 도움이 된다.

스스로 찾아가는, 자신에게 알맞은 배움

우리는 미국 심리학자 칼 로저스로부터 배움에 관한 영감을 크게 받았다. 이 교육에서 우리가 경험을 통해 가치를 확인한 기술과 프로세스를 제공한다. 우리가 제공하는 것이 본인에게 효과가 있는지 시도해 보기 바란다. 효과가 없다면, 효과가 있을 때까지 그것을 실험하고 바꾸어 보기 바란다. 그러고 나서 우리도 배울 수 있도록 자신의 경험을 우리에게 알려 주기를 바란다.

워크숍에서 사용하는 말

워크숍에서 우리 트레이너들이 하는 말과 시연하는 방식은, 어떻게 하면 참가자들이 기술을 배우고 연습하는 것을 가장 잘 지원할 것인가에 바탕을 두고 있다. 이 방식은 수십 년 동안의 NVC 워크숍의 경험에 근거를 두고 있다. 참가자들은 종종 자신의 삶에서 관계 맺고 있는 사람들이 좀 더 쉽게 사용할 수 있는 표현 방법을 물어본다. 여러분이 이 기술을 가지고 가서 쓰거나 제안하고 싶은 하위문화들이 무수히 많을 것이다. 우리는 여러분이 관계 맺고 싶은 사람들과 연결할 수 있는 각자의 언어를 발견하기를 바란다.

B. 집중 프로그램: 지도 개관

1. 내적(Inner)

a) 자기 연결 연습과 강도 연습(SCP/IP)

b) 내면 중재(IM)

c) 선택자-교육자(C-E)

2. 나와 다른 사람 사이(Interpersonal)

d) 적 이미지 프로세스—자기 공감(EIP-SE)

e) 나와 다른 사람 사이의 중재 모델(IPM)

f) 치유와 화해—회복하기(H&R/MA)

g) 애도/축하/배움—자기 공감(MCL-SE)

h) 축하/애도/배움(CML)

3. 공식적/비공식적 다른 사람 돕기(그룹 포함)

i)   적 이미지 프로세스—공감/사전 중재(EIP-Emp)

j)   적 이미지 프로세스—역할극(EIP-RP)

k)   중재 모델(MM)—공식적/비공식적 버전

l)   치유와 화해—치유 역할극(H&R-RP)

m) 애도/축하/배움—공감/사후 중재(MCL-Emp)

n)   개입 요청 대화

o)   그룹 중재 모델

p)   그룹 의사 결정 프로세스

C. 3인 1조 드라이 프랙티스
(3~5번 기술, 9번 기술)

기술 반복 연습

3번 기술, 귀 잡아당기기, 버전 1: 사례

1.   중재자: (A에게) "B가 알아줬으면 하는 욕구가 있나요?"
2.   A: "존중이요."
3.   중재자: (B에게) "방금 들은 것을 A에게 말해 주시겠어요?"
4.   B: "A는 내가 무례하다고 생각해요."
5.   중재자: "들은 것을 말해 주셔서 감사합니다. 저는 A가 존중을 원한다고 들었어요. A가 무엇을 원한다고 했는지 들은 것을 A에게 말해 주시겠어요?"
6.   B: "A는 존중을 원해요."
7.   중재자: "감사합니다."

3번 기술, 귀 잡아당기기, 버전 2: 사례

1.   중재자: (A에게) "B가 알아줬으면 하는 욕구가 있나요?"
2.   A: "신뢰요."
3.   중재자: (B에게) "방금 들은 것을 A에게 말해 주시겠어요?"
4.   B: "저는 신뢰란 쌍방향이라고 생각해요."
5.   중재자: "저는 당신의 생각을 듣고 싶습니다. 그 전에 먼저 A가 무엇을 원한다고 했는지 A에

게 말해 주시겠어요? 저는 A가 신뢰를 원한다고 들었어요."

6. B: "A는 신뢰를 원해요."

7. 중재자: "감사합니다."

4~5번 기술, 응급 공감과 추적하기: 사례

1. 중재자: (A에게) "B가 알아줬으면 하는 욕구가 있나요?"

2. A: "사랑이요."

3. 중재자: (B에게) "방금 들은 것을 A에게 말해 주시겠어요?"

4. B: "남을 배려할 줄 모르는 사람을 내가 사랑할 수 있나요!"

5. 중재자: "그러니까 당신에게는 배려가 중요하다는 거죠? 그게 맞나요?"

6. B: "네."

7. 중재자: "B, 저는 그것에 대해 좀 더 듣고 싶어요. 지금은 A가 무엇을 원한다고 했는지 말해 주시겠어요? 저는 A가 사랑을 원한다고 들었어요."

8. B: "좋아요, A는 사랑을 원해요."

9번 기술, 해결 부탁, "NO!" 뒤의 욕구 프로세스

1. A가 겪고 있는 실제 상황을 하나 찾는다.

2. 중재자는 이 상황에서 A의 욕구가 무엇인지 A에게 물어본다. 욕구를 함께 찾으면서 명료하게 만든다.

3. 중재자는 A가 생각하기에 B의 욕구가 무엇인 것 같은지 A에게 묻는다. 그 욕구를 B와 함께 찾으며 명료하게 만든다.

4. 중재자는 B에 대해 어떤 부탁이 있는지 A에게 물어본다. A가 부탁을 만드는 것을 도와준다.

5. 어떤 식으로든 B는 "NO!"를 말한다. 중재자는 "NO!" 뒤에 있는 욕구를 공감한다.

6. 중재자는 욕구를 충족하기 위한 부탁이 있는지 B에게 물어본다. B가 부탁을 만드는 것을 도와준다.

7. A는 "YES!"를 말하거나, "NO!" 뒤의 욕구 프로세스를 계속 진행한다.

D. 적 이미지 프로세스(EIP) 워크시트

적 이미지 프로세스의 세 단계(대화/행동을 위한 준비)

'적 이미지'는 다른 사람과의 연결과 연민을 가로막는 모든 것을 의미한다. 이 프로세스의 핵심은 1단계에서 관찰, 느낌, 욕구를 왔다 갔다 반복하는 것, 그리고 1~3단계 사이를 왔다 갔다 하며 반복하는 것이다.

1. 자기 공감—상대방의 행동과 관련하여 나의 충족되지 않은 욕구
2. 상대방 공감—상대방의 행동 뒤의 욕구에 연결하기
3. 욕구를 충족하기 위한 새로운 가능성의 출현(배움, 계획, 연습)

1단계: 자기 공감

a) **관찰**: 내가 적 이미지를 가지고 있고, 실제로 이를 해결하기 위해 효과적인 행동을 취하고 싶은 사람을 생각해 본다. 일어난 상황에 대한 나의 관찰, 상대방에 대한 나의 생각·판단·평가를 적는다. 내가 나 자신에게 말하고 있는 스토리, 또는 자기 자신이나 다른 사람, 삶에 대해 가지고 있는 자신의 핵심 신념도 여기에 포함된다.

내가 듣거나 본 다른 사람의 말/행동:

_____

_____

나의 생각과 판단, 평가, 스토리/핵심 신념들:

_____

_____

b) **느낌과 욕구**: 자신의 생각/판단을 느낌과 욕구로 바꾸고 그것에 연결한다.

먼저, 자신의 감정적인 반응을 느낀다. 그 사람/사건을 떠올릴 때 지금 나의 느낌은? 가짜 느낌을 알아차리고 그것들을 몸에서 일어나는 내면의 감정과 감각으로 바꾼다. 머리로 그 느낌에 이름을 붙이기보다는, 여유를 가지고 몸에서 일어나는 감정과 감각을 느끼고 그 느낌에 연결한다.(필요하면 느낌 목록을 사용한다.)

나의 느낌:

_____

_____

몸이 이완되고 안정되고 연민이 느껴질 때까지 자신의 생각과 느낌을 욕구에 연결한다. 내 마음에 와닿는 욕구를 찾아본다.(필요하면 욕구 목록을 사용한다.)

나의 욕구:

_____

_____

c) **반복하기**: 느낌과 욕구에 연결하는 과정에서 판단이나 자동 반사적인 반응이 더 있다는 것을 알아차릴 수도 있다. 만약 그렇다면 이 생각들을 관찰하고 느낌과 욕구에 연결하는 과정을 반복한다.

2단계: 상대방 공감하기(이해와 욕구)

상대방의 욕구를 공감하려 할 때 자극을 받고 더 많은 판단과 감정적 반응이 일어날 수 있다. 이런 일이 일어나면, 자신의 욕구에 다시 연결되었다고 느낄 때까지 1단계로 돌아가 반복한 뒤에 2단계로 돌아온다. 필요에 따라 이 과정을 반복할 수 있다. 이런 반복은 1단계와 2단계, 3단계 사이에도 적용된다.

a) **상대방의 이해와 욕구 추측**: 나의 욕구는 충족되지 않았지만, 상대방이 그 행동을 할 때 가졌던 그 사람의 생각이나 느낌, 욕구를 추측해 본다. 이 작업은 상대방의 진실이 무엇인지 알려는 것이 아니라 나 자신을 위해서 하는 것이다. 즉, 나 자신의 평화와 웰빙 그리고 내가 효과적으로 반응하는 데 도움을 얻기 위해서이다. 상대방에 대한 이해와 연민, 연결뿐 아니라, 나 자신의 이완과 여유, 개방성을 가능하게 하는 데 초점을 둔다. 이것은 내가 다른 사람들의 행동에 동의하거나 그 행동을 용인하는 것을 의미하지는 않는다.

추측되는 상대방의 생각, 느낌, 욕구:

_____

_____

_____

b) **나의 욕구와 상대방의 욕구를 함께 마음속에 품기**: 이 단계는 내 욕구와 상대방의 욕구를 내 의식으로 가져와 그 모든 욕구를 떠올리면서, 나와 상대방을 포함한 우리 모두가 보편적인 인간적 욕구를 공유하고 있음을 보는 것이다.

내 욕구와 상대방의 욕구:

_____

_____

_____

3단계: 새로운 가능성, 해결책, 부탁의 출현(배움, 계획, 연습)

a) **배움**: 내면에서 자기 자신 그리고 상대방과 연결을 할 때 어떤 새로운 아이디어나 통찰, 가능성이 떠오르는가? 자기 자신이나 상대방 혹은 그 누구에게든 구체적인 행동 언어로 실행 가능한 (내가 원하는) 부탁이 있는지 본다. 이 부탁/수단/방법을 찾으면서 내 욕구와 함께 다른 사람의 욕구도 충족시키려 하고 있는가?

b) **계획/연습**: 부탁을 정한 후에 자신이 상대방에게 하고 싶은 말이나 행동 계획을 세울 수 있다. 만일 상대방과 대화하는 것이 포함되어 있다면 내가 실제로 말할 것을 연습할 수 있고, 또한 상대의 반응을 어떻게 다룰지 연습할 수 있다. 이것을 하는 한 가지 방법은 역할극을 하면서 대화를 연습해 보는 것이다. 예컨대 코치나 공감 친구와 함께 해 본다거나, 아니면 저널을 쓰면서 할 수 있다.

'연결의 다른 측면'에서 내가 지금 무엇을 할지에 관한 계획은 무엇인가? 자기 자신이나 상대방 또는 다른 사람에게 하는 부탁이 있는가? 바이런 케이티의 '바꾸어 보기'를 이용해서 새로운 신념/스토리를 선택하도록 스스로에게 부탁할 수도 있다.

E. 애도/축하/배움(MCL) 워크시트

애도/축하/배움(MCL) 프로세스의 세 단계

애도/축하/배움(MCL) 프로세스는 과거에 있었던 대화나 행동으로부터 배우는 것과 관계가 있다. 이 배움 프로세스의 핵심은 세 단계를 오가며 반복하는 것이다. 일반적인 '배움 사이클'은 비난과 처벌을 피하는 데 바탕을 둔다. 어떤 행동을 하고 나서 그 행동에 대한 도덕적인 평가(옳은지 그른지, 좋은지 나쁜지)를 하고 나서 앞으로 어떻게 하면 비난과 처벌을 피할지 배우고 계획하며 어떻게 다른 사람에게서 보상을 받을지를 찾는다. 하지만 이와는 다르게 우리는 어떻게 하면 우리 욕구를 더 잘 충족시키는 방향으로 나아갈 것인가를 바탕으로 하는 배움 사이클을 선택할 수 있다. 어떤 행동을 하고 나서 그 행동에 대해 욕구에 기반을 둔 평가(충족되지 않은 욕구는 애도하고 충족된 욕구는 축하하기)를 하고 나서 앞으로 어떻게 하면 우리의 욕구를 더 잘 충족시킬지 배우고 계획한다.

1단계: 애도하기

내가 한 행동과 일어난 일로 충족되지 않은 욕구를 애도하기
관찰
a) 내가 평가하고 있는 나의 행동이나 일어난 일:

_____

180 삶을 중재하기

b) 나의 생각, 판단, 평가, 스토리/핵심 신념:

_____

_____

애도에서 오는 느낌과 욕구(화/죄책감/수치심에서 '자연스러운' 슬픔으로)

a) 먼저, 자신의 감정적인 반응을 느낀다. 일어난 일을 떠올릴 때 지금 나의 느낌은? 가짜 느낌을 알아차리고 그것들을 몸에서 일어나는 내면의 감정과 감각으로 바꾼다.(필요하면 느낌 목록을 사용한다.)

나의 느낌:

_____

_____

b) 분노와 죄책감, 수치심에서 슬픔으로 몸에서 변화될 때까지 자신의 생각과 느낌을 욕구에 연결한다.(필요하면 욕구 목록을 사용한다.)

나의 욕구:

_____

_____

반복하기: 느낌과 욕구에 연결하는 과정에서 판단이나 자동 반사적인 반응이 더 있다는 것을 알아차릴 수도 있다. 만약 그렇다면 그 생각들을 관찰하고 느낌과 욕구에 연결하는 과정을 반복한다. 충족이 되었거나 충족하려고 했던 욕구에 공감하려 할 때 판단과 감정적인 반응이 더 유발될 수 있다. 만약 이런 일이 일어나면 1~3단계를 오가며 반복한 뒤에, 4단계로 돌아온다. 이 반복은 5~6단계에도 적용된다.

2단계: 축하하기

일어난 일로 충족되었거나 충족하려고 했던 욕구를 축하하기/감사하기

일어난 일로 충족되었던 욕구를 찾아본다. 평화, 웰빙, 이완, 연민/이해의 느낌이 올 때까지 계속 찾아본다. 이것은 자신이나 다른 사람이 한 행동이나 일어난 일에 대해 좋아하거나 동의하는 것을 의미하지는 않는다.

충족된 욕구:

_____

_____

충족된 욕구와 충족되지 않은 욕구를 함께 마음속에 품는다. 이 단계에서는 그 상황과 관련된 모든 욕구들을 자신의 의식 안으로 불러들인다.

충족된 욕구와 충족되지 않은 욕구:

_____

_____

3단계: 배움

일어난 일에서 배우고 욕구를 더 잘 충족할 수 있는 새로운 수단/방법을 고안하기

a) **배움**: 충족된 욕구와 충족되지 않은 욕구에 내면으로 연결될 때, 어떤 새로운 아이디어·통찰·가능성들이 떠오르는가? 일어난 일을 돌이켜보았을 때, 자신의 모든 욕구들을 더 잘 충족할 수 있는 어떤 행동을 지금 하겠는가?

b) **계획**: 자신의 욕구를 앞으로 충족시키기 위해 자신이 생각해 낸 새로운 수단/방법을 지원하거나 강화하기 위한 방법들을 떠올릴 수 있는가?

아이디어/계획:

_____

_____

F. 나의 갈등

설명	갈등	관련된 사람	기간	강도
설명	나중에 읽어보고 기억할 수 있도록 갈등을 충분히 설명한다.	마찬가지로 나중에 갈등을 기억하는 데 도움이 되도록 한다.	갈등이 얼마 동안 지속되었나? 새로운 것인가 아니면 몇 달, 몇 년 동안 지속된 것인가? 오래된 것인가, 진행 중인가, 자주 있나, 잠깐 동안 있었나?	5=고통스러운 4=진을 빼는 3=마음이 산란한 2=짜증 나는 1=신경 쓰이는
예	회의 중에 내가 말을 하고 있을 때 동료가 자주 끼어든다. 그가 내 아이디어를 존중하지 않는다는 생각이 든다.	나, 갑순이, 갈돌이	지난 1년 반 동안 몇 주 간격으로 발생	3
1)				
2)				
3)				
4)				
5)				

설명	갈등	관련된 사람	기간	강도
	나중에 알아보고 기억할 수 있도록 갈등을 충분히 설명한다.	마찬가지로 나중에 갈등을 기억하는 데 도움이 되도록 한다.	갈등이 얼마 동안 지속되었나? 새로운 것인가 아니면 몇 달, 몇 년 동안 지속된 것인가? 오래된 것인가, 진행 중인가, 자주 있나, 잠깐 동안 있었나?	5=고통스러운 4=진을 빼는 3=마음이 산란한 2=짜증 나는 1=신경 쓰이는
예	회의 중에 내가 말을 하고 있을 때 동료가 자주 끼어든다. 그가 내 아이디어를 존중하지 않는다는 생각이 든다.	나, 김순이, 김돌이	지난 1년 반 동안 몇 주 간격으로 발생	3
1)				
2)				
3)				
4)				
5)				

설명	갈등	관련된 사람	기간	강도
설명	나중에 앉아보고 기억할 수 있도록 갈등을 충분히 설명한다.	마찬가지로 나중에 갈등을 기억하는 데 도움이 되도록 한다.	갈등이 얼마 동안 지속되었나? 새로운 것인가 아니면 몇 달, 몇 년 동안 지속된 것인가? 오래된 것인가, 진행 중인가, 자주 있나, 잠깐 동안 있었나?	5=고통스러운 4=진을 빼는 3=마음이 산란한 2=짜증 나는 1=신경 쓰이는
예	회의 중에 내가 말을 하고 있을 때 동료가 자주 끼어든다. 그가 내 아이디어를 존중하지 않는다는 생각이 든다.	나, 김순이, 갈돌이	지난 1년 반 동안 몇 주 간격으로 발생	3
1)				
2)				
3)				
4)				
5)				

G. 나의 갈등 습관

	습관	신호	반복적 행동	보상	새로운 행동
설명	나의 습관을 간략히 묘사한다.	어떤 상황에서 이런 일이 일어나는가?	내가 취하는 행동은 어떤 것인가?	이 습관으로 내가 얻고자 하는 것은?	오래된 반복적 행동을 대신해서 내가 취할 수 있는 새로운 행동은?
사례	나는 갈등이 있을 때 웃는다.	나는 갈등 상황에 놓이는 것이 당황스럽다.	나는 다른 사람의 이야기를 들으면서 웃는다.	안정감을 느낀다. "마치 큰 일이 아닌 것처럼."	좀 더 진정성을 갖는다. 즉, "나는 이 대화가 불편해서 10분 시간을 갖고 돌아오겠다."라고 말한다.
1)					
2)					
3)					
4)					
5)					

지은이

● **아이크 라사터** Ike Lasater

변호사로서 자신이 세운 로펌의 대표자로 활동하던 1986년에 마셜 B. 로젠버그를 통해 처음 비폭력대화(NVC)를 접하였다. 이후 자신의 삶을 크게 변화시킨 NVC를 가족과 자신의 회사에 적용하여 큰 성과를 거둔 경험을 바탕으로 개인과 다양한 조직의 소통과 중재, 갈등 해결을 돕는 컨설팅·트레이닝 컴퍼니 'Words That Work'를 설립하였다. 남북아메리카와 유럽, 아시아의 여러 나라에서 다양한 NVC 프로그램과 워크숍을 진행하고 있다.

● **존 키니언** John Kinyon

샌프란시스코 대학교에서 심리학과 철학을, 펜실베이니아 주립 대학교 대학원에서 임상심리학을 공부했다. 아이크 라사터와 함께 'Mediate Your Life' 훈련 프로그램을 만들어 세계 여러 지역과 국가에 보급하고, 강사·저자이자 비폭력대화센터(CNVC) 국제 인증 트레이너로서 개인·가족·회사·조직 등 다양한 환경에서 발생하는 갈등을 중재하는 일을 20년 이상 진행해 왔다.

옮긴이

● **한국NVC센터**

모든 사람의 욕구가 평화롭게 충족되는 세상을 지향하는 비영리 단체로서 비폭력대화 교육과 트레이너 양성에 힘쓰고 있다.

Mediate Your Life Training Manual, 5th Edition
Copyright ⓒ 2014, by Ike Lasater and John Kinyon
Korean Translation Copyright ⓒ 2020
by Katherine Singer & The Korean Center for Nonviolent Communication

삶을 중재하기

비폭력대화 갈등 중재 교육 매뉴얼

펴낸날 초판 3쇄 2023년 11월 15일

지은이 아이크 라사터, 존 키니언
옮긴이 한국NVC센터
디자인 DesignZoo
펴낸이 캐서린 한
펴낸곳 한국NVC출판사

등록 2008년 4월 4일 제300-2012-216호
주소 (03035) 서울시 종로구 자하문로17길 12-9 (옥인동 2층)
전화 02-3142-5586
팩스 02-325-5587
이메일 book@krnvc.org

ISBN 979-11-85121-25-3 13190

*값은 뒤표지에 있습니다.
*잘못 만든 책은 바꿔 드립니다.

스트레스를 줄이고,
연결을 만들고,
갈등을 해결하는 새로운 소통 방법

<삶을 중재하기—NVC Mediation> 1년 집중 프로그램

● 자기 삶에서 생겨나는 갈등을 훨씬 더 자신감 있고 수월하게
  다룰 수 있다.
● <삶을 중재하기—NVC Mediation> 기술들을 사용하여
  개인적/직업적 상황에서 보다 효과적으로 갈등을 해결하고
  관계를 치유하며 주위 사람들의 웰빙에 기여한다.
● 갈등을 겪는 사람들을 공식적/비공식적으로 도울 수 있다.
● 중재 기술을 발휘하고 유지할 수 있는 지원 공동체를 만들
  수 있다.

"나는 그동안 NVC를 자신의 삶에 접목하려고 수년간 노력해 온
많은 사람들을 만나 왔다. 그리고 그들에게 필요한 것이
<삶을 중재하기—NVC Mediation> 프로그램이란 걸 깨달았다.
이 집중 프로그램은 NVC의 기본 기술과 정신이 보다 깊은
차원에서 우리 몸에 각인될 수 있게 해 준다."

—뉴트 베일리(NVC 트레이너, The Communication Dojo 설립자)

값 25,000원
ISBN 979-11-85121-25-3 13190